まち保育のススメ

おさんぽ・多世代交流・地域交流・防災・まちづくり

本書では、保育所を含めた、さまざまな保育事業を総称して「保育施設」という用語を使用しています。
保育所について言及するときは「保育所」を使用しています。

はじめに

　偶然に観たあるテレビ番組の風景はとても印象深いものでした。瀬戸内海に浮かぶその島では、唯一の幼稚園が島の山頂付近にありました。島の特性上、保護者が自家用や自転車などで送迎するのは厳しいうえに子どもは通園の際には必ず歩いていく風習らしく、沿道の人たちが作業をしながら見守ったり、途中にあるお店が「トイレ」を貸してあげたりするそうです。

　番組では、島の頂上にある幼稚園に４月から通う４歳５か月の女の子が、妹と一緒に４月から通うための挨拶に予行練習を兼ねて幼稚園まで歩いて行き、途中４月からトイレを借りることになるであろう２つのお店にも「そのときはお願いします」と挨拶をして回っていました。そして、番組出演者はそのVTRを観て、「まち全体で育ててるという感じでいいですね」とコメントを述べていました。

　映像には、島という海に囲まれた環境による境界がはっきりしたコミュニティ、車が入りづらくて歩道も狭く、坂もきついという風景が映し出されていました。したがって、そこに住む子どもたちの生活は都会のそれと比べると「特殊」にならざるを得ないのかもしれません。でもこの環境でこそ、子どもの成育過程において多大な「保護者以外の他者による見守り」と「それによる安心感」を与えることができ、「大切な"島の子ども"」として育てられていくのではないかとも感じ取れました。また、都市部においても同じようにその「他者による見守り」や「安心感」をごく自然に生み出し、子どもたちにその実感を与えるにはどうしたらよいのか、と考えさせられる内容でした。

　私は、これまで一貫して、都市計画学の分野から、「子ども」と「まち」との関係に着目した調査研究を進めてきました。とくに2007年頃からは、乳幼児期の子どもたちが集まる「保育施設」に注目し、園庭の代替機能としての公園を切り口に、「公園とまち保育研究会」を立ち上げました。その後、会の名称を「まち保育研究会」と改め、公園だけでなく日常的にさまざまな地域資源を活用している実態調査を行ってきました。

　その当時は、「待機児童対策」がだんだんとヒートアップしていく社会状況の中にあり、保育施設の多くが、偏在している実態や周辺地域から孤立している現実などを目の当たりにしました。同時に、ここ最近、大きく取りざたされている、保育施設に対する「問題視」の予兆を感じつつありました。それは、保育施設がいわゆる「迷惑施設」と言われるようになった現象の始まりでした。保育施設を訪問し、保育者と話をするたびに、園庭はあっても子どもを外で遊ばせることが不安、窓を開けると近隣から苦情の電話がかかってきそう、という声がすでにありました。つまり、もともと保育施設がなかった場所の周辺住民にとって、保育施設が新たに開設され、今まで聞こえなかった音や朝夕の送迎時の車の混雑や会話などへの戸惑いが、「苦情」という形になって現れ始めていたわけです。

じつはこれは新設の保育施設に限った話ではありません。古くからある保育施設も、近隣住民との関係に神経を使い、施設周辺の清掃を行い、送迎時の交通整理や安全確保に職員があたり、保護者にも施設外での会話や路上駐車を控えてもらうように協力を依頼しており、その姿は、従来から見られるものでした。要は保育施設にとって、地域の住民との良好な関係づくりや地域交流は大きな課題であったわけです。それが、待機児童対策により、住民による反対運動が起こり、マスコミに取り上げられるなどによっていっそうクローズアップされたと言えます。

同時に、「近隣住民の方ともっと交流や情報共有を深めたいけれどきっかけがない」「地域とのつながりは重要だが今は不十分。明日、震災が起きたら不安」との声もたくさん聞かれ、とくに3.11の東日本大震災を機に多くの保育施設が「地域とのつながりは不可欠なのはわかっているが、地域との関係構築は具体的に何をどうすればいいかわからない」という課題を抱えていることも見えてきました。

一方で、園庭のない保育施設も増加し続けていました。とりわけ低年齢の子どもたちを敷地外に連れ出すことは、安全の確保上の困難も伴いますが、外遊びやおさんぽなどの活動は子どもたちに不可欠な活動であり、その必要性を十分認識し、まち全体を「保育の場」と捉えて、まちのさまざまな資源を活用するためにも、まずは保育者自身がその地域をよく知ること、地域も保育施設のことをよく知ることが必須だと考えるようになりました。

そこで、2012年から、横浜市内の2つの保育施設の悩みに伴走する形で、乳幼児期の子どもを真ん中に、保育施設と地域のつながりを強めるため、とくに「おさんぽマップ」に着目して、さまざまな試みを実施しました。

本書では、乳幼児期の子どもが地域をフル活用して地域で育つための「まち保育」という考え方とまち保育を進める意義、「まち保育」が包含する4つのステージ（まちで育てる、まちで育つ、まちが育てる、まちが育つ）を見据えて実践するためのアイディアについて紹介しています。

第Ⅰ章「子どもを取り巻く環境の変化」では、「まち保育」発意の前提となる現代の社会事情と複雑な施策を確認したうえで近年の保育施策をレビューし、多くの人に理解してもらうために「まち保育」の定義を整理しわかりやすくまとめました。

第Ⅱ章「まち保育をはじめよう」では、まち保育を始めることの意義を、それぞれの専門的・実践的立場で説く形で整理しています。保育施設のスタッフのみならず、設計にたずさわる人たちや保育施設の設置や運営を担当する人たちに役立つ具体的な実践と研究事例を私たちならではの切り口で紹介しています。

第Ⅲ章「まち保育実践」では、2012年から継続実践してきた「保育施設×地域つながり力アップ・マップワークショップ」について、保育施設が同じように実施するための準備や方法、体制とプロセス、その効果について、「まち保育」の具体的な実践編とし

てまとめました。第Ⅰ章でも整理した「まち保育」のステージが実践でどう展開できるのか。この章を参考に、ぜひ各地の保育施設が子どもと共にまちに出て、まちを発見・活用していってほしいと思います。

そして最後に第Ⅳ章では、「まち保育が都市に果たす役割」として、「まち保育」の実践と共に子どもの生活を中心に据えたまちづくりを進めることが、「まちが子どもを育てる」という社会的土壌を培い、まちの担い手育成へとつながっていくのではないか、といった考え方を述べました。これまでの都市計画やまちづくりのあり様を概観したうえで、都市開発による人口偏在、働き方の多様化などといった諸問題に対してどう対応していくべきか、乳幼児生活圏域と地域社会の再構築といった課題をも見据えた新しい都市計画とまちづくりの形を、まちづくり分野での新たな担い手としての保育施設への期待も込めて提案します。

本書は、保育・子育て支援のみならず、建築計画、都市計画、環境工学、防災、臨床心理学などの研究者や実践者が、子どもとまちとの関係についてのそれぞれの調査や実践を通した専門的知見を持って執筆しています。乳幼児期の子どもが、地域に見守られながら育っていくためのまちづくりへの挑戦として、2012年から始めた処方箋的な手法を俯瞰して「まち保育」という概念として整理し、その意義や効果についてできるだけ多様な専門分野の人と多角的に議論し発信したいという呼びかけに集まってくれた多彩なメンバーです。

なぜこんなに多岐にわたる専門分野のメンバーが乳幼児の子どもたちのことについて書くのか。それは、乳幼児期の子どもたちの生活を捉え、伝え、子どもを真ん中にしたまちづくりを進めたいという共通した熱い思いがあり、実践を通じて社会を変えようとするムーブメントはひとつの専門性だけでは語り切ることはできず、また迅速に進まないことを強く実感してきているからです。

この本は、とくに近隣の地域コミュニティとの関係づくりに悩んでいる保育現場の方と、今、保育施設を中心に起こっている諸問題に立ち向かい、解決のための活動を展開すべく動いている方、そしてこの先の長いビジョンを計画立案するまちづくり行政に関わる方に、ぜひ読んでいただきたいと思います。

さらに冒頭に述べた「ある島」の風景について都市部でも展開するためのステップとすべく、子育て真っ最中の保護者の方々、乳幼児の保育・教育、子育て支援に関わるすべての方々、加えてまちでの子どもの育ちに心を寄せてくださる地域の方々にも読んでいただき、あちこちのまちで、多様な立場のみなさんが「まち保育」を理解し、取り組みを始めるきっかけとなることを願っています。

2017年3月　三輪律江

もくじ

はじめに …………………………………………………… 3

第 I 章
子どもを取り巻く環境の変化

1. 子どもたちの生活はどう変わったか ………… **10**

2. 待機児童問題と保育政策 ……………………… **14**

3. 保育は施設の中だけで行うもの？ …………… **20**

4. まちで子どもを育てるということ …………… **22**

5. 保育をまちに広げよう
   ─まち保育の4つのステージ ………………… **27**

第 II 章
まち保育をはじめよう

1. まち保育式おさんぽのススメ
   ─多くのモノ・ヒト・コトに出会うために ………… **32**

★コラム 「まち保育」のメガネを通して
   身近なお店・商店街を見てみよう ……… **36**

2. まち保育式おむかえで「孤育て」を解消 ……… **38**

3. 迷惑と言われない音環境づくり …………… **44**

4. 風と太陽にあふれるまち保育にするために …… **48**

5. まちを知り、まちのメンバーになろう ……… **52**

6. まち保育で防災力アップ
   ─福祉避難所としての保育施設の可能性 ………… **56**

7. 「孫育て」「たまご育て」で広げる
   まち保育の可能性 …………………………… **61**

8. 幼児期のまち保育から学童期のまち遊びへ …… **65**

第 III 章
まち保育実践

1. まち保育のしかけづくり
   ─「保育施設×地域つながり力アップ・マップ
   ワークショップ」プロジェクトを始めるきっかけ …… **72**

2. まち保育の4つのステージへの
   気づきとさまざまな変化 …………………… **74**

【視点1】まちで育てる
   ─同じまちでも違った視点で歩けば見つかる
   多様なアイテム
   WS1-1
   おさんぽマップ点検＋発見ワークショップ …… **75**

6

　　　　WS 1-2
　　　　キッズカメラマンワークショップ ･････････ 78
　　　　WS 1-3
　　　　防災まち歩きワークショップ ･････････････ 80
★コラム　おさんぽ時の休憩スポットと「一時避難場所」
　　　　 ･･････････････････････････････････････ 82

【視点2】まちで育つ
　　　　―いろいろルートでつなげば気づく
　　　　　新しい場所とモノ・ヒト・コト
　　　　WS 2
　　　　おさんぽマップ・バージョンアップ ･･･････ 83

【視点3】まちが育てる
　　　　―まちの子どもへの関心を持つ人を育て、
　　　　　その輪を広げる
　　　　WS 3
　　　　み～んな一緒にまち歩き ･･･････････････ 85

【視点4】まちが育つ
　　　　―子どもと共に地域に浸透していく土壌づくり
　　　　WS 4
　　　　「ありがとうカード」大作戦ワークショップ ･･････ 87
★コラム　他の保育施設と一緒に
　　　　ワークショップをやってみよう ･･･････ 89

3．まち保育ワークショップの準備とノウハウ ･････ 90

第Ⅳ章
まち保育が都市に果たす役割

1．これまでの都市計画と現代の社会問題 ･･･････ 96
2．保育・子育て支援と都市計画 ･･････････････ 99
3．子どもの成長とまちとの関係 ･･････････････ 104
4．保育施設がまちを活性化する ･･････････････ 107
5．まちそのものを育てる視点を持とう ･･･････ 111

巻末文献リスト ･･････････････････････････････ 114
おわりに ････････････････････････････････････ 116
著者プロフィール ････････････････････････････ 118

第 Ⅰ 章

子どもを取り巻く環境の変化

子どもたちの生活はどう変わったか

子どものいる家庭が減少している

　日本では子どもが生まれる数が減ってきています。全人口に占める年少人口（0〜14歳）の割合は12.5％[1]（2016年）まで減少し、少子化が進行しています。日本の総人口も2008年[2]から減少に転じています。こうした中、子どもを取り巻くさまざまな環境も変化しています。

　18歳未満の子どもがいる家庭は全世帯の46.3％（1986年）から23.5％（2015年）となり、4分の1以下となっています。子ども数は1人（46.4％）ないしは2人（40.4％）となっており、核家族世帯も80.9％と多く、三世代世帯は16.0％と年々減少しています[3]。子育て家庭を対象に行われた調査[4]では、「子育ての悩みを相談できる人がいる」、「子どもを預けられる人がいる」、「子どもを叱ってくれる人がいる」の項目がいずれもほぼ半減し（図1）、この10年間の間にも、何かのときに助けてもらえる知り合いがいない地域で生活する親子が増えていることが明らかになっています。

　一方で、4分の3の家庭は現在子どもを育てていない家庭であり、かつてはあった地域社会の助け合いやつながりが少なくなり、子育て世代、高齢者世代など、それぞれの世代が分断され、自分たちに直接関係ないことには関心が薄くなってしまうような事態が起きているように考えられます。

第1章 ● 子どもを取り巻く環境の変化

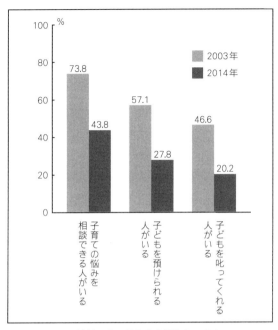

図1．地域の中で子どもを通じたつきあい
資料：(株)UFJ総合研究所「子育て支援策等に関する調査研究」
（厚生労働省委託、2003年）および三菱UFJリサーチ＆コンサルティング「子育て支援等に関る調査研究2014」（2014年）
出典：厚生労働省資料

働く保護者は増えている

働く母親の増加は目覚ましく、就学前の子どもを持つ女性の54.3％（2015年）[5]が働いています。女性が働く理由は経済的理由や自己実現などさまざまですが、出産前から継続して仕事をしている女性は26.8％[6]にとどまり、出産を機にいったん仕事を退職し、子どもが一定年齢に達したときに復職するケースが多くなっています。

保護者の就労パターンは、週末勤務があったり、あるいは夜間に及ぶ就労があったり、多様化しています。延長保育の必要性も高く、約9割の保育所が朝7時台から開所し、約6割の保育所が夜7時台まで保育を行っている[7]など、保護者の就労に呼応するように保育が長時間化する傾向にあります。

また、保育の利用開始年齢も低年齢化し、1、2歳児の保育所等の利用率（利用率とは、当該年齢の推定人口における割合）は27.6％（2008年）から41.1％（2016年）[8]まで高くなっています。

幼稚園に通う子どもにも変化

一方で、幼稚園に通う子どもの数は減少し、幼稚園そのものの数も減少しています。現在の幼稚園数はもっとも多かった1万5,220園（1985年）から、4分の3の1万1,138園（2016年）に減っています（認定こども園に移行した幼稚園もあります）。幼稚園に通う子ども数は249万8千人（1973年）から半分の132万9千人（2016年）に減っています。小学校新1年生のうち、幼稚園を卒園した子どもの割合は48.8％となり、半数以下となっています[9]。かつては保育所に通う子どもよりも、幼稚園に通う子どもが圧倒的に多かったのですが、現在では逆転しています。

幼稚園は学校教育法に基づく教育施設で、1日4時間を基本としています。しかし、「預かり保育」[10]という幼稚園終了後に夕方まで子どもを預かる仕組みが2000年にできました。2014年度の調査[11]では、幼

稚園全体の82.5％が預かり保育を実施しており、そのうち私立の幼稚園の実施率は95％となっています。預かり保育はどのような理由でも利用できるものですが、近年の待機児童問題の影響もあり、幼稚園で預かり保育を利用しながら、フルタイムで働いている保護者もいます。

小学生の放課後生活

　保育を利用する子どもの多くは、小学生になったら「放課後児童クラブ」（学童保育）を利用することになります。放課後児童クラブとは、保護者が就労などの理由により昼間家庭にいない子どもが放課後や長期休暇期間中に過ごす遊びと生活の場です。放課後児童クラブを必要とする家庭も増え、クラブ数や利用児童数も増加しています。2016年現在、全国に23,619か所の放課後児童クラブがあり、約109万人の子どもが利用しています。それでも入所できない待機児童もいる状態で、まだまだ増設する必要があります。

　保育所を利用していたときと同じように子どもを預けることができず、保護者が働きにくくなるため「小1の壁」と言われたり、多くの放課後児童クラブの対象上限が3年生であるため「小4の壁」と言われたりしています。

　保育所と比べると開所時間は短いのですが、年々、少しずつ長くなっていて、19時まで開所している放課後児童クラブが4割にも上っています。2015年度には対象が小学生全学年へと拡大されましたが、現実

問題として職員や部屋の確保などの課題が残っていて、希望する小学生すべてを受け入れることは今のところ不可能な状態です。

　並行して文部科学省の事業として行われる「放課後子供教室」があります。これはすべての子どもを対象とするもので、校庭や教室を使って、スポーツ、体験プログラムなどが行われています。とくに設置場所が足りない都市部では「放課後子供教室」と「放課後児童クラブ」を学校内で一体的に行うところも増えてきています。

子どもの生活を脅かす犯罪

　まちの開発が進み、空き地はなくなり、小さな道も往来する車のものになりました。子どもが屋外で遊べる唯一の場になりつつある公園も、ボール遊びは禁止、「静かに遊びましょう」などの立て看板が並んでいます。加えて、子どもが犯罪被害に巻き込まれる痛ましい事件は、子どもがさまざまな経験を積みながら育つ生活圏の安全性に影響を及ぼし、保護者を不安にし、保育・教育関係者の安全管理意識を強化させています。

　そのため、子どもたちが地域を自由に探索し、遊ぶ自由が奪われています。子どもの安全を確保するために、例えば、集団での登下校や、放課後も学校内で過ごすようにする取り組みが行われています。放課後児童クラブへの需要の高まりも、保護者が帰宅するまで子どもを1人で置いておくことへの不安があるためと考えられます。

第１章 ● 子どもを取り巻く環境の変化

		0歳	1歳	2歳	3歳	4歳	5歳	6歳
親子で一緒に過ごす場	子育て支援事業	● 地域子育て支援拠点						
子どもだけで過ごす場		● 一時預かり事業 ● ファミリー・サポート・センター[12]						
	教育・保育施設等	● 保育所 ● 認定こども園						
		● 地域型保育事業（家庭的保育・小規模 保育事業所内保育・居宅訪問型保育）				● 幼稚園 ● 預かり保育		
	その他 （認可外）	● 地方自治体独自の規準による保育施設（東京都認証保育所、横浜市横浜保育室など） ● 企業主導型保育事業 ● その他の認可外保育施設						

図３．就学前の子どもの居場所

子どもたちは未就学のときは保育所や幼稚園、小学生になってからは学校や放課後児童クラブなどの中で過ごす時間が長くなり、自分たちが生活している地域を自由に散策する時間や地域で遊ぶ経験、多世代との交流の機会が少なくなっています。

施設で過ごす時間が長い子ども

図３に示すように、就学前の子どもの居場所はさまざまです。保育所に通っている子どもは平日は保護者と共に早朝に家を出て、日が沈んでから保護者と共に帰宅します。幼稚園に通っている子どもも幼稚園で夕方まで過ごしてから帰る子どももいます。お稽古事が忙しい子どもも多くいます。小学生も地域で遊ぶよりも、「放課後子供教室」に行き、友だちのいる学校の校庭などで遊ぶことが増えています。

施設で過ごす時間が長いということは、従来子どもが地域でできた体験が少なくなるということや、施設内での人間関係だけの中で過ごしていることを意味します。施設で過ごす時間にどういう経験をすることが必要か、大人がもっと深く考えていくことが求められています。

１）総務省：人口推計 ―平成28年12月報、2014年7月1日現在（確定値）
２）総務省：人口減少社会『元年』は、いつか？、統計Today No.9、総務省統計局ホームページ
３）厚生労働省：平成27年国民生活基礎調査の概況、2016年
４）（株）ＵＦＪ総合研究所・三菱ＵＦＪリサーチ＆コンサルティング：子育て支援施策等に関する調査研究、2003年および2014年
５）前掲３に同じ
６）国立社会保障・人口問題研究所：第14回 出生動向基本調査（夫婦調査）、2011年
７）全国保育協議会：全国の保育所実態調査報告書2011
８）厚生労働省：保育所等関連状況とりまとめ（平成28年4月1日）、2016年
９）文部科学省：平成28年度 学校基本調査
10）制度的には、新制度における一時預かり事業に含まれるものと預かり保育がある。
11）文部科学省：幼児教育実態調査、2014年
12）ファミリー・サポート・センターの対象は小学生を含む。

2 待機児童問題と保育政策

待機児童問題と保育所の規制緩和

　日本では、1947年に児童福祉法が制定されて以来、保育所を中心として保育政策が進められてきました。保育所とは、保育を必要とする乳児・幼児を保育することを目的とする児童福祉施設で、養護と教育が一体的に提供される特性があります。運営や設備について最低基準が設けられており、それが満たされることにより質の高い保育が全国で提供されてきました。

　今、待機児童を解消することが非常に大きな課題となっていますが、国が初めて保育所の待機児童数を発表したのは、1995年（村山内閣）のことで、28,481人でした。それから20年経過する中で待機児童のカウントの仕方も変わりましたが、保育の受け入れ枠は80万人分ほど増えています。しかし、2016年4月当初で未だに2万人を超える待機児童がいる状況は変わりません。

　国は2001年（小泉内閣）に「待機児童ゼロ作戦」を打ち出しました。そのとき同時に、「待機児童の解消や増大する保育需要に対応するため」として、保育所の規制緩和が進められました。

　規制緩和とは保育所の運営や設備に関する基準の一部を緩和することにより、保育所の新設やすでにある保育所の運営を行いやすくすることを目的とするものです。

　具体的には、以下のようなものがあります。

- 定員の弾力化（保育士の数や面積基準などが最低基準を下回らなければ、定員と関わりなく受け入れが可能）
- 設置主体制限の撤廃（地方自治体、社会福祉法人などに制限されていた設置主体を、株式会社、NPO法人などに拡大）
- 公設民営方式の促進
- 土地・建物の賃貸方式の許容（従来、自己所有が原則だったが、民間からの貸与を許容）
- 保育所設備基準の弾力化（園庭に関する規制緩和。園庭を持たない保育所であっても、近隣にその代替となる広場や公園を確保できる場合は保育所を開設できる）
- 短時間保育士の導入

　これらの規制緩和は保育所の保育の質を下げることにつながりかねないため、反対意見も多くありました。しかし、少子化という時代を迎えるにあたり、多額の税金を投じて、次々に保育所を作ることが得策とは考えられませんでした。できるだけ、お金をかけずに設置・運営できるようにすること、保育所を作りやすくすることが優先されたわけです。

　実際のところ、今ではごく当たり前になっていることも多くあります。これらの規制緩和の中では、賃貸方式でもよいことや、園庭を持たない保育所であっても開設できることなどは、その後の保育所や保育施設のあり方を大きく変えるものとなったと言えます。

　そして、この後にも規制緩和は進められ、国の定め

る児童福祉施設の最低基準は撤廃され、国が示す省令に基づき、都道府県、政令市、中核市などの自治体が条例に基づいた基準を定めることになりました[13]。保育所については、人員（配置基準など）、居室面積などを「従うべき基準」とし、保育の質が担保できるようにしていますが、待機児童問題が深刻で地価が高いと認められた一部の自治体については、期限付きで居室面積基準を地域の実情に応じた内容とすることが許容されています。

地方自治体の基準による保育施設の創設

　児童福祉法では、市町村の保育の実施義務が規定されています。2013年の改正までの条文では、保育に欠ける児童を保育所で保護できない場合は、「その他の適切な場所で保護しなければならない」とされており、いくつかの地方自治体では、各地方自治体の定めた基準で運営を行う保育事業を創設し、取り組んできました。東京都の「認証保育所」（2001年）、横浜市の「横浜保育室」（1997年）などがよく知られています。

　これらの保育施設は保育所の基準は満たしていないので「認可外保育施設」であり、地方自治体だけが助成する仕組みで運営されています。面積や職員の基準の他に、保護者が利用しやすいように駅の近くに設置することや、どの施設でも0歳児を受け入れて13時間以上の開設を条件とするところもあります。こういった取り組みは大都市を中心に行われました。

保育所よりは面積基準が低いので狭く、また、駅周辺は保護者には便利でも、子どもが生活する環境として好ましくないところもあり、窓の開かないビルの中で行われる保育施設もあります。

消えない待機児童

ともかく、待機児童は解消に至っていません。このことに関して、2つのことが起こっています。

2003年の児童福祉法の改正では、待機児童が50人を超える地方自治体に待機児童を解消するための保育計画の策定を義務化しました。また、毎年、市町村ごとの待機児童数が多い順から公表されており、市町村にはかなりのプレッシャーがかけられています。

そんな中、待機児童の数え方が市町村により違っていることが明らかになりました。希望した保育所には入れなかったけれども、それでは困るので、他の保育を選択した人の数や、育児休業を延長した人、きょうだいが同じ保育所に入所することを希望したにもかかわらず叶わなかった人の数などの数え方が市町村によって違いがあることがわかったのです。

しかし、いずれにせよ保育所への入所を希望している人たちには違いないので、おそらく翌年にはまた入所の希望を出してくる可能性があります。国がこうした「隠れ待機児童」を数えたところ、2016年4月時点で6万7,354人いることがわかりました。公表された待機児童数と4万人以上の差があります。

入所できるなら利用したい保護者

地方自治体では先述の保育計画に基づき、待機児童数分の入所枠を新たに作るのですが、その新たに用意された枠には、待機児童として数えられていなかった人が入所するということが起こっています。それは、希望しても入所できないだろうとあきらめていた人ですが、近くに新しい保育所ができるなら働こうと、入所を希望するということも起こり始めたわけです。

この20年間というもの、待機児童のいる自治体では保育の受け入れ枠を増やし続けてきたのですが、潜在的な利用希望者はまだたくさんいると言われています。今すぐに働かなくてもいい状態であっても、保育を利用できるのであれば働きたいと思っている女性が増えてきているわけです。

その背景として、近隣にすぐに手を貸してくれる人のいないような状態で、子育ての責任を負っているということがあり、母親が感じるその責任の重さは専業で子育てする母親にこそ重くのしかかるものです。

保育を利用することは、家族以外の手助けを得ながら子どもを育てるということです。しかも、助けてくれるのは保育の専門家であるわけです。入れるのなら、入所を決めたいと思う気持ちは十分に理解できるものです。

さらには、近年保育所などに入りにくくなっていることで、本来は子どもが低年齢の間は子育てに専念し、ある程度の年齢になってから職場復帰することを望んでいたとしても、あるいは育児休業を最大限取得

することを望んでいたとしても、希望とは異なる選択をすることもあります。保育所入所のタイミングを見誤らないことが要点になるため、希望よりも早くから保育の利用を開始することや、あるいはフルタイム勤務かパートタイマーかでは、フルタイム勤務の方が入所選考基準のポイントが高くなるのでフルタイム勤務を選択する、そして帰宅時間も遅くなる、というようなことも起こっているのです。

情報収集や施設見学などを通じて保育施設入所を有利にするために保護者が行う「保活」も年々拍車がかかっています。「保育園落ちた日本死ね」というブログを発端に、厚生労働省も実態調査（2016年）を行い、保活の結果希望通りの保育施設を利用できた人は全体の56.8%に過ぎぎず、保護者の苦労や負担感が大きいことを報告しています。

自分の希望する生活ではなくて、保育所への入所を優先させて、自分たちの生活を変えるということが、ここ十数年の間に起こっていると考えられます。

子ども・子育て支援新制度の施行

待機児童が一向に解消されない中、保育所中心に進められてきた日本の保育政策に大きな制度改革が行われました。2015年度よりスタートした「子ども・子育て支援新制度」（以下、新制度）です。長引く待機児童問題が、子どもを生み育てたいと思う人たちの希望を叶えることをむずかしくしています。子どもを今育てている人のニーズに合わせられるように、保育の仕組み自体を変えることが必要になったのです。

新制度は質の高い幼児期の学校教育、保育の総合的な提供をし、保育の量的拡大・確保、教育・保育の質的改善を行い、さらには地域の実情に応じた子ども・子育て支援を充実させることを目的として実施されています。

地域の資源を活用した地域型保育事業

新制度では、地域型保育事業として地域資源を活用したさまざまな小規模の保育事業が創設されました。これには家庭的保育事業（家庭的保育者の居宅その他の場所を活用して行われる保育、定員5人以下）、小規模保育事業（賃貸住宅や施設などの空き室を活用して行われる保育、定員6〜19人以下）、事業所内保育事業、居宅訪問型保育事業が含まれます。対象児童は待機児童がもっとも多い3歳未満の子どもです。また、地域にある資源を活用することにより、短期間で保育施設を開設することをねらいとしたものです。

都市部においては、いずれも園庭がある地域型保育の保育施設は少なく、保育所や認定こども園などの連携施設の園庭の活用のみならず、日常的には近隣の公園や広場を「外遊びの場」として活用し、その他、図書館、地域子育て支援拠点などの地域資源を活用して保育が行われています。何よりも大きく変わった点は、こういった保育施設にも設備および運営に関する基準を設け、保育所と同様の認可事業として認めたことです。

2016年4月現在、家庭的保育は931か所、小規模保育は2,429か所、事業所内保育事業323か所、居宅訪問型保育事業9か所が開設されています。

なお、地方自治体が独自に創設した保育施設については、新制度の中では特定の位置づけはされていません。認可保育所になるか、地域型保育のいずれかの事業になるか、あるいは自治体の単独事業のまま残るかという選択がされることになります。

保育施設が直面する課題

★ 公園は誰のもの?

現在、待機児童のいる地域では、駅周辺や住宅地に保育施設が新設されていますが、いくつかの問題を生み出しています。

まずは、園庭の代替として多くの保育施設が活用する近隣の公園の利用が時間的に集中することが挙げられます。多くの保育施設では午前中に外遊びの時間を設定することが多いからです。

公園は誰でもが利用できるものであり、子ども向けの遊具や砂場などの設備も設けられています。また、走り回ったりできる空間もあります。公園のまわりには植栽があり、植物を観賞したり、季節により花が咲いたり、落ち葉が落ちるという自然の営みに触れることもできます。また、まわりに柵があることで一定の守られた空間でもあります。そして、地域の親子連れが遊びに来たり、そこでひとときを過ごす高齢者や近隣の人もいて、子どもがいろいろな世代の人たちと出会う機会にもなります。

一方で、誰かの利用を管理したり、調整するような機関は多くの近隣の公園にはほとんどありません。そのため、子どもたちを連れて公園に行き、すでにどこかの保育施設が利用している場合は他の公園に移動しなくてはならなくなることもあります。また、複数の保育施設が利用することもあります。そのようなとき、今度は地域の子育て家庭が利用しにくくなるという問題もあります。

こういったことが都市部のとりわけ駅周辺などの保育施設が密集するところでは問題となっています。

★ 保育施設は迷惑施設?

保育ニーズに対応するために、保育所であったり小規模保育であったり、保育施設の新設が続けられています。しかし、住民の反対運動により、保育所や保育施設の設置が中止になったり、延期するということが全国で起こっています。2016年4月24日付けの毎日新聞によると、2012年度以降、近隣住民の反対で保育所開設を断念したところが少なくとも11か所、住民の要望を受けて設計変更などをしたために開設が遅れたところが15か所もあったということです。

反対の理由は騒音や、送り迎えの保護者の車などによる事故が心配というもの、その影響により地価が下がるというものなどが含まれています。開設前の住民への説明を丁寧に行うことが必要となっています。

また、集合住宅の一室を使って保育施設を開設する場合はすべての入居者の承認が得られなければ開設し

ないと決めている自治体も多くあります。騒音を理由に反対を受けたある幼稚園では、3メートルもある防音壁を設置したところもあります。

このように、保育施設や幼稚園などの子どもが過ごす場所を新たに設置することに対して、「子どもの声は騒音だ」とする声があり、近隣住民から苦情や反対、訴訟に発展するケースも生じていますが、こういった状況に同感できると考えている人が35.1％いることが厚生労働省の調査[14]でわかっています。

この背景の一つとして、とくに都市部においては、保育施設の新設をする事業者が地元で古くから保育事業を営んでいたなどの地域とつながりのある事業者とは限らず、全国各地からその地域とまったくなじみのない事業者が進出してきている実態もあります。また、地域そのもののつながりが希薄で、子ども数も減少したことによって、地域の住民が子どもと直接ふれあうことはもとより、子どもの声が聞こえたり、子どもの遊ぶ姿を目にしたりすることが日常生活に乏しくなっていることも関連していると言えます。

しかし、行政や運営主体の繰り返しの説明に最後には承認が得られ、地域の住民と保育施設の良好な関係が結べた事例もあります。

事業者と地域の住民、保育施設の子どもたちと地域の住民の関係をつないでいくことで、改善の方向性が見い出せるのではないかと考えられます。

★ まだまだ必要な保育の受け入れ枠

新制度がスタートし、保育がより利用しやすくなる

という期待感が利用者にはあったようで、2015年度の待機児童数は前年よりも増えました。先にも述べたように、本当は保育を利用したいと思っているけれども、待機児童もいてなかなか入りにくい状況なので、待っている人はたくさんいます。また、同じ市内に新設園ができたとしても、遠ければ通うことは不可能です。

待機児童ゼロを達成した地方自治体には、その後、「ここは保育所に入りやすいらしい」ということで転入が続いた話も聞きます。まだまだ保育の受け入れ枠は必要とされており、今後も新しい保育施設が地域の中に作られていくことでしょう。

同じことは、放課後児童クラブ（学童保育）についても言えます。就学前の保育の受け入れ枠が多くなればなるほど、放課後児童クラブの数も必要となります。こちらも十分な場所もないため、なるべく小学校の空き教室などを使っていこうとする施策（放課後子ども総合プラン）が国により進められています。

そうなると、一日の長い時間を学校で過ごす子どもたちも増えることになるでしょう。保育施設であっても、幼稚園や学校であっても、施設の中で過ごす時間が長いのであれば、本来子どもたちが施設以外の場所でする経験を施設の中で、あるいは、施設の活動の一環として地域に出かけて行うことも考慮する必要があります。

13）地域主権改革一括法（2011年）
14）厚生労働省：人口減少社会に関する意識調査、2015年

3 保育は施設の中だけで行うもの？

保育施設における園外活動

　保育施設のある敷地の外に出て行う活動は「園外活動」または「園外保育」と呼ばれています。
　現在の保育施設の園外活動はどのように行われているでしょうか。どのように地域を活用しているのでしょうか。少し古い調査になりますが、2007年に横浜市で行った調査[15]の結果から見ていきましょう。

　「園外活動」は、認可保育所では8割、横浜保育室は9割が「週1回以上」、行っています。日常的な活動として、子どもたちは園外に出ています。
　とくに園庭の広さが十分にない保育施設ほど、園外活動の頻度が高く、なかでも行き先が「公園」の割合が高くなっています。
　では、目的地に至るまでの「道」や「さんぽ道」はどのような位置づけになっているのでしょうか。
　園外活動における子どもたちのお気に入りスポットとしては、「電車や車などの乗り物が見られる場所」がもっとも多く挙げられています。その他、「生き物が見られる場所」や「草花が咲いたり木の実がなっている場所」も人気です。
　毎日の生活の場所である保育施設と、公園をつなぐ「さんぽ道」も園外活動の一部であり、園外活動の重要な部分を占めているのです。施設内では味わいにくい四季折々の自然を感じ、生き物を発見することなど

もできます。

しかし、自動車や自転車なども行き交うまちなかで、さんぽを楽しむことは簡単ではありません。子ども数の多い保育所などでは、移動の際の安全の確保に人手も必要となりますし、所要時間も気になるところです。一方、より少数の子どもを対象とする家庭的保育では、少人数の利点を活かし、園外活動にさまざまな要素が加わります。

家庭的保育における園外活動

家庭的保育では、園外活動は「ほぼ毎日」行われており、公園の活用のほか、移動経路である道そのものも保育活動の一つとして認識しているようです。「道」は保育活動の場として位置づけられることにより、単なる移動の場ではなくなります。「電車が見られる空き地」に行くときに出会うと必ず挨拶を交わすおばちゃん、「犬がいるおじちゃんの家」の前を通るときは犬の名前を呼び、犬が吠えるとおじちゃんが家の中からその様子を見に出てきてくれるなど、日々近隣の人との出会いがあり、交流があります。加えて、「商店」に並ぶ季節の野菜や果物はまさに生きた教材です。

また、公園でも地域の親子や高齢者の人たちとの交流も行われています。こうした地域交流が活性化されるのは、子ども集団の規模が小さいことに加え、家庭的保育の保育者自身が同じ地域に暮らす住民であるということも大きく影響していると考えられます。

保育に必要な環境の構成要素

保育所保育指針には、保育の環境には、保育士や子どもなどの「人的環境」、施設や遊具などの「物的環境」、「自然や社会の事象」などがあり、こうした人、物、場などの環境が相互に関連し合い、子どもの生活が豊かになるように計画的に環境を構成し、工夫して保育しなければならないと示されています（図4）。こういった環境を構成する資源はまちの中にもたくさんあります。保育施設の中にだけ整えるのではなく、まちにあるさまざまな資源を保育に活用することで、子どもたちの一日をより豊かなものとすることができることを忘れずにいてほしいものです。

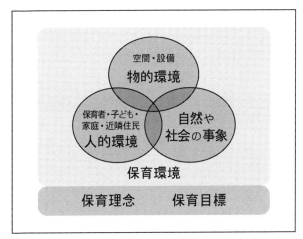

図4．保育に必要な環境の構成要素

15）巻末文献リスト 報2）、学論28）

4 まちで子どもを育てるということ

地域子育て支援拠点や子育てひろばでできるヨコのつながり

　保育所や幼稚園へ通う前の乳幼児期は、子どもは親と共に行動することがほとんどです。保護者の行動パターンや人間関係がそのまま、子どもが持つことのできる社会とのつながりになります。

　乳幼児とその保護者の行動パターンに関する調査[16]では、乳幼児は徒歩や自転車で移動できる範囲で主に生活していることがわかります。全体の3割は外出の頻度が週1回に留まり、何かのついでで外出することが多くなっています。また、ひとりっ子の場合は、公園よりも商業施設に出かける割合が大きくなっています。

　孤立した子育て（孤育て）から助け合いの子育てを目指し、2000年頃から全国各地で「つどいの広場」や「地域子育て支援拠点」が開設されています。妊娠期から出産、乳幼児期の子育て家庭が気兼ねなく集まり、交流や子育て情報を得ることができて、子育ての悩みに寄り添って話を聞いてくれるスタッフもいる場です。

　地域子育て支援拠点で行った調査[17]では、86.2％が核家族で、自分が育った市区町村以外で子育てしていることを「アウェイ育児」と呼んでおり、その割合は72％でした。近所で子どもを預かってくれる人がいない母親は6割で、「アウェイ育児」の母親についてはさらに増えて7割に上りました。「アウェイ育児」

は、近隣に知り合いが少なく、孤立しがちな傾向が見られます。

一方で、地域子育て支援拠点や子育てひろばを利用することで、地域に子育て仲間ができ、子育て情報や地域情報を交換したり、日々の小さなグチなどのおしゃべりをし、子育てでつらいのは自分だけでないと思えるようになっていきます。次第に交流は、地域子育て支援拠点を出てまちの中へ飛び出すようになり、地域の行事や他のイベントに参加する機会も増えていくようです。

同調査では、地域子育て支援拠点を利用することで近所づきあいの必要性を感じるようになった割合は増えることがわかっています。また、この地域の一員であると感じられるようになった比率も利用前と利用後では17％から30％と倍増しています。

子どもたちの社会関係資本

子どもが保育施設や幼稚園、学校や放課後児童クラブ（学童保育）などの施設で過ごす時間が長くなっていることは先に触れました。神奈川県教育委員会の調査[18]では、小学生になって子どもが放課後に過ごすことの多い場所（複数回答）は、「自宅」が8割や「友だちの家」が5割で、子どもたちは室内で過ごすことが多くなっています。一緒に過ごす人は、「同学年の友だち」が約7割と一番多く、低学年では「家の人」が6割です。「異年齢の多様な人」と過ごしている子どもは1割以下とたいへん少ないのです。多様な人と

の接点が薄くなる傾向は、高学年になるほど強まっています。

人と人のつながりは「社会関係資本」（ソーシャル・キャピタル）と呼ばれ、他者への信頼や「お互い様」といった助け合いが育くまれるベースとなるものです。子どもが、地域の人や身近な社会に対する信頼や多様なつながりを持っていれば、困難な状況に陥ったときも、助けを求めると何とかなるだろうと期待を持つことができます。加えて、実際に助けられた経験や、誰かを助けて感謝された経験は自信につながり、子どもの生きていく力となるのです。

つながりの経験の希薄さからか、子どもの支援の現場では昨今、困難を抱えた子どもからSOSが出てこなかったり、すぐにあきらめてしまうという傾向もあると言われています。

子どもの自己肯定感が低い日本

この十数年、日本の子どもの自己肯定感の低さが、問題となっています。図5の7か国の比較調査（2013年）[19]では、諸外国と比べて日本の若者は、自己を肯定的に捉えている者の割合が低く、また、自分に誇りを持っている者の割合も低いという結果が出ています。自分を大切な存在だと思えることは、自分を大事にすることにつながります。

自己肯定感を育むには、無条件で受け入れられる関係があることが重要です。保護者や学校の教職員などをはじめ、地域の大人や商店の人たちといった「暮ら

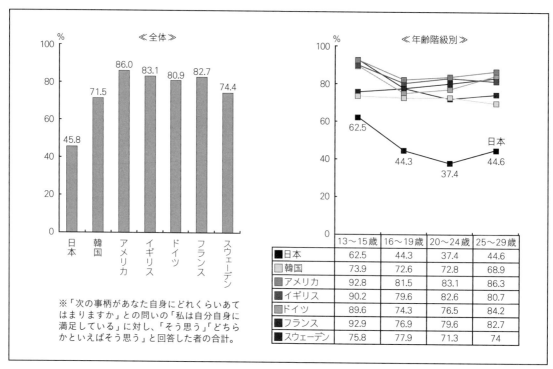

図5．自分自身への満足度
資料：我が国と諸外国の若者の意識に関する調査（内閣府、2014）

しの中で身近にいる大人」が、子どものありのままの存在を受け入れて認めていくことによって、自分は大切にされる価値のある存在だと子どもは認識するようになります。それは新しいことにチャレンジする意欲を生む素地になるものです。

とくに子どもが成長していくと、保護者や学校の教職員などとの間にトラブルが生じたり、言いにくい困難を抱えることも出てきます。そんなとき、社会関係資本の乏しい子どもは1人で悩み、孤立してしまいます。家庭と学校以外にも子どもが心許せる関係や居場所があることが大切になってきますが、はたしてそれらを十分に持っている子どもは、現在、どれほどいるでしょうか。

まちの中に子どもの居場所をつくっていく

居場所には、物理的なものと精神的なものがあります。昔は生活道路や原っぱなどの「隙間」があって、まちの営みの中に子どもたちの遊び場がありました。それが都市化が進むにつれ、子どもの物理的な居場所

が限定されていき、多様な大人との接点は少なくなっていきました。

1980年頃からは、「不登校」が社会問題となり、学校と家庭以外の第三の居場所として、子どもが安心して過ごせる「フリースペース」や「フリースクール」が市民の手で全国各地に開かれるようになっていきました。成績で評価するのでなく、ありのままの自分を受け入れてくれる人との出会いや、同じような経験を経た仲間と過ごせる安心感が、居場所の重要な要素として子どもたちにも広く受け入れられてきました。

また、昨今の新しい動きとしては「こども食堂」という形態の場づくりが各地に広がっています。子どもが1人でも利用でき、無料または安価で食事できる場所を指します。多くは地域住民が自発的につくっているものです。6人に1人と言われる「子どもの貧困」への関心の高まりとともに、経済的貧困だけでなく、「関係性の貧困」も解決しようとする動きが背景にあります。

「こども食堂」の場所は、町内会・自治会館、公共施設、寺院・神社・教会、営業時間外の飲食店、個人宅の一部開放などさまざまです。開催頻度も月1回から週数回などまちまちで、子どもの貧困率が30％ととくに高い沖縄では毎日開催している活動もあります。2016年5月末時点で全国に319か所（朝日新聞社調査）のこども食堂が確認されています。2016年11月には西日本新聞が、「九州エリアの子ども食堂が1年で10倍の117か所に増えた」と報道しており、全国的にもこども食堂の数は増え続けています。

それまでとくに子どもに関わる活動を行っていなかった人たちもこの取り組みに参加していることが急速な広がりの背景にあります。孤食の子どもだけでなく、孤立しがちな子育てをしている親子や高齢者も含め、さまざまな背景を持つ地域の人たちが集い、共に食事をする「こども食堂」は、子どもに多様な人のつながりを提供する機会として期待されており、地域の交流を育む貴重な居場所にもなっています。

人とつながるための作法

子ども時代に何らかの困難を克服した経験を持つ人の中には、まちの中で、地域の人から声をかけてもらったことが転機になったケースもあります。自分の存在が認められたことがうれしかったと言います。自分を気遣う会話や笑顔を交わす関係は、困難を抱えた子どもにとっては、ふたたび自分を大事にしようと思える「小さな居場所」に成り得るのです。

「小さな居場所」は、出会いとちょっとしたやり取りの積み重ねで成立します。それは幼少期からまちの中に顔見知りをたくさん持っているほど獲得しやすいものでしょう。また、人と出会い、つながるには、相手に関心を寄せ、自らを開く自己開示力が求められます。

他者とつながりをつくり育てていく方法。それは、以前は、家族単位のご近所づきあいのコミュニケーション様式の中で、大人の様子を見ながら子どもが学ぶことができました。

しかし、今、乳幼児を育てている保護者のさらに親

の世代の頃から、ご近所づきあいは失われつつあり、相手への好意の示し方や、さりげない援助の仕方、助けてもらったときのお礼など、近所づきあいの作法は、見て学べる時代ではなくなっています。

昔は「おせっかいなおばさん」や「叱ってくれるおじさん」が地域にいて、おつきあいの作法を教えてくれたり、人をつなぐコーディネーター的な役まわりを果たしたものですが、拒絶されたりトラブルに発展することを恐れてか、気遣いやおせっかいもしにくい時代になっています。

つながらない・支え合わない人間関係の中で、監視し合う空気は存在し、それが子育て世帯の孤立を高めています。現代社会で接点を多様につくり、豊かな関係性を再構築するためには、機能分化が進んだまちの中に隙間や遊びを配置することが必要となっています。

まちが子どもを育む力

スピードと効率を求める現代社会では、ふだんの買い物も効率重視になりがちです。効率を追求した大規模スーパーではセルフレジの導入も進み、ひと言も言葉を発することなく買い物できます。自宅のパソコンや手元のスマートフォンをクリックすれば、クレジットカード決済で自宅まで商品を届けてくれる便利なサービスも多数あります。

幼い子どもを育てる保護者にとっては、子どもを連れて大変な思いをして買い物するよりも、手軽で便利に思えるでしょう。まちの中で、子どもが保護者と一緒に他者とコミュニケーションを取る機会は、どんどん少なくなっています。

一方で、地域に根付いて営業している個人商店や商店街などでは、お客さんに声をかけてやり取りする文化がまだ残っています。商店のコミュニケーション様式は、相手に関心を持ち、自らを開くことで、相手の気持ちも開いていく力があります。

若者の自立支援に取り組むとあるNPOは、商店街の空き店舗を子どもの「居場所」として開き、ひきこもりの若者のための就労支援を行う書店を併設しています。そこに勤めるひきこもり経験のある若者は「商店街を歩くと他店の店主が声をかけてきてくれた。話をしてみると、自分が気にしていたほどひきこもり経験は気にされないと気がついた。驚いたが気持ちが楽になり、だんだん自分を開いていくことができるようになっていった」と話しています。

子どもにとって、保護者や学校の教職員以外の大人とのやり取りは、社会と自分の関係を客観的に見る視点を与えてくれたり、まちに自分を委ねる勇気を育ててくれるようです。

---

16) 巻末文献リスト 学論11)
17) NPO法人子育てひろば全国連絡協議会：地域子育て支援拠点事業に関するアンケート調査、2015年
18) 神奈川県教育委員会生涯学習課：神奈川県における放課後の子どもの居場所づくりに向けた実態調査研究調査報告書、2014年
19) 内閣府：我が国と諸外国の若者の意識に関する調査（平成25年度）報告書、2014年

5 保育をまちに広げよう
まち保育の4つのステージ

「まち保育」とは

　まちには保育に活用できる資源がたくさんあります。公園や空き地、自然の場所といった「何かをする場所」だけが活用できる資源ではありません。絵本で見る電車が実際に音とスピードを出して走っています。ホンモノの働く車が仕事をしている姿に、子どもの目は釘付けになります。商店街には色とりどりの季節の野菜や果物が並んでいます。パン屋さんの前では焼きたてのいい匂いがします。雨上がりの壁にはカタツムリがいっぱい出てきます。

　道を歩くときも、子どもたちはいつも好奇心のかたまりで、さまざまな発見をしています。最初に発見したのは誰だったのでしょう。コンクリートのガレージはおさんぽで通るときはいつも空っぽで、ガレージに向かって大きな声で何か言うと声が反響します。遊具ではないけれど、そこを通るときは必ず遊ぶ、子どもたちが楽しみにしているお気に入りのスポットです。

　そして、まちにはいろいろな人が暮らしています。子どもたちに声をかけてくれる人もいます。郵便屋さんやおまわりさんが働く姿を見ることもあります。直接関わり合いがあるかどうかは別として、おじいさんやおばあさん、おにいちゃんやおねえちゃん、いろいろな年代の人がまちに生活し、働いています。ちょっと怖そうな人もいるかもしれません。外に出たら守らなければならない約束事も子どもにとっては学びの

資源と言えるでしょう。一歩まちに出れば、そんなモノやヒトとの出会いが待っています。保育施設の中に広い園庭がある場合も、まちには保育施設にはない魅力的なものがいっぱいあります。

「まち保育」は、子どもたちの生活をより豊かにするものです。それは、保育施設や教育施設の園外活動だけを指すのではありません。

まちにあるさまざまな資源を保育に活用し、まちでの出会いをどんどんつないで関係性を広げていくこと、そして、子どもを囲い込まず、場や機会を開き、身近な地域社会と一緒になって、まちで子どもが育っていく土壌づくりをすることを私たちは「まち保育」と呼んでいます。

子育て支援の場においても、家庭生活においても、また地域の活動においても、「子どもがまちで育つ」視点を大切にしてほしいと考えています。

社会の変化とともに、子どもたちは保育施設や教育施設の敷地内で、限られた人間関係の中で、長時間を過ごすようになっています。子どもだけでまちを散策したり、異年齢や異なる世代の人と接する機会もかなり減ってきています。しかし、子どもの育ちには、いろいろな世代の人たちと出会い、接する機会とさまざまな生活体験が不可欠です。いつの間にか変わってしまったり、なくなってしまったものを、そのままにしておくのではなく、今のライフスタイルに合った方法で再生していくことが必要です。

子どもたちの生活を家庭と施設敷地内だけで完結させるのではなく、保育施設や教育施設で過ごす時間の中に、まちを知る機会や体験、まちで暮らすさまざまな人たちとの交流の機会を用意する必要があります。それは子どもたちがまちに出かけていくことだけではなく、施設を地域に開き、まちの住民を施設に招き入れることによっても成り立ちます。

また、まち保育の取り組みは少なからず、保育施設や保育者とまちとの関係づくりを促進します。新しく保育事業を始め、どうやってまちの住民に認知され、交流していけばよいのか、迷っている保育施設も多くあると思います。まち保育を進めていくことにより、保育施設とまちの人たちが出会います。何か特別な、むずかしいことに取り組むのではありません。保育施設でいつもやっていることを、まちに広げていくのです。そして、まちの人との交流が進むことによって、保育施設や教育施設の役割をより広く、まちの住民に伝えることができるようになるに違いありません。

まち保育の４つのステージ

子どもをまちで育てようというまち保育の試みは、保護者や保育者以外のまちの住民を巻き込んでまち全体が子どもを育てる意識を生み、それはまちそのものが大きく育つことにつながります。そのステージは図6のようになります。

まちに出かけ、まちのさまざまな資源を活用し、まちにいるさまざまな人とふれあいながら、「まちの子ども」

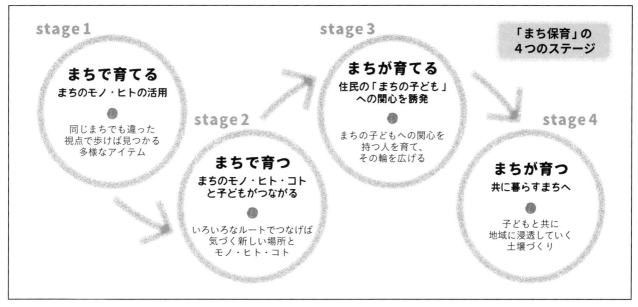

図6. 子どもがまちで育つ「まち保育」の4つのステージ

として育ててほしいと考えます（まちで育てる）。

　子どもたちがまちの中で過ごす時間が長くなれば、おのずと、まちを舞台にして子どもが育つようになります。まちをよく知り、お気に入りの場所ができ、安心できる大人ともふれあいながら育っていきます。まちで育つ子どもは、まちにより親しみと愛着を持つようになります（まちで育つ）。

　子どもの姿がまちのあちらこちらに見られるようになれば、まちの住民が子どもたちに出会う機会が増えます。この出会いにより、まちの住民にやさしい気持ちが生まれ、交流の層を厚くします。よく見かける「あの子」「あの子たち」が存在するようになると、「子ども」そのものの印象も変わっていくことでしょう。

長い時間を経て、子どもが成長していく姿に触れれば、次にまちを支える担い手として頼もしく感じることもあるでしょう。

　まちの住民が、自分の子どもや孫以外の「まちの子ども」の成長発達や安全に関心が及ぶようになり、声かけや見守りが活発になっていくと、まちが成熟し、「まちそのものが子どもを育てる」機運が醸成されます（まちが育てる）。

　まち全体で子どもを見守っていこうとする姿勢は、自分だけでなく多様な世代の多様な暮らしを考え、大人も子どももお互いの存在を認め合いながら、共に暮らすまちへとつながります。犯罪や災害にも強いまちになります（まちが育つ）。

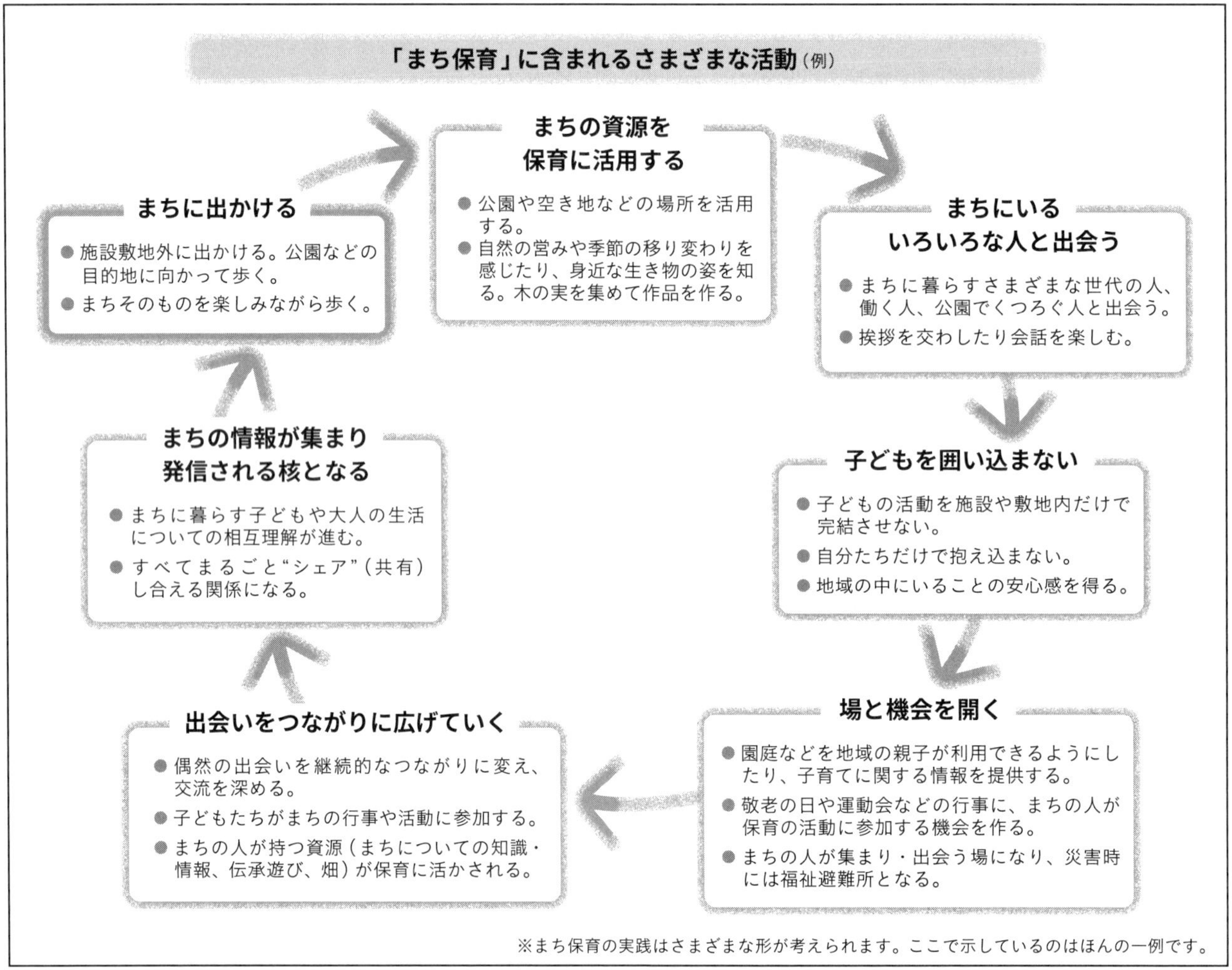

「まち保育」に含まれるさまざまな活動（例）

まちに出かける
- 施設敷地外に出かける。公園などの目的地に向かって歩く。
- まちそのものを楽しみながら歩く。

まちの資源を保育に活用する
- 公園や空き地などの場所を活用する。
- 自然の営みや季節の移り変わりを感じたり、身近な生き物の姿を知る。木の実を集めて作品を作る。

まちにいるいろいろな人と出会う
- まちに暮らすさまざまな世代の人、働く人、公園でくつろぐ人と出会う。
- 挨拶を交わしたり会話を楽しむ。

まちの情報が集まり発信される核となる
- まちに暮らす子どもや大人の生活についての相互理解が進む。
- すべてまるごと"シェア"（共有）し合える関係になる。

子どもを囲い込まない
- 子どもの活動を施設や敷地内だけで完結させない。
- 自分たちだけで抱え込まない。
- 地域の中にいることの安心感を得る。

出会いをつながりに広げていく
- 偶然の出会いを継続的なつながりに変え、交流を深める。
- 子どもたちがまちの行事や活動に参加する。
- まちの人が持つ資源（まちについての知識・情報、伝承遊び、畑）が保育に活かされる。

場と機会を開く
- 園庭などを地域の親子が利用できるようにしたり、子育てに関する情報を提供する。
- 敬老の日や運動会などの行事に、まちの人が保育の活動に参加する機会を作る。
- まちの人が集まり・出会う場になり、災害時には福祉避難所となる。

※まち保育の実践はさまざまな形が考えられます。ここで示しているのはほんの一例です。

図7.「まち保育」に含まれるさまざまな活動（例）

第Ⅲ章で紹介する実践事例もワークショップを進めるに従い、このステージを辿っていきました。「まち保育」の進め方、取り組み方はさまざまあります（図7）。すでにいろいろな形で、まち保育を実践している方々もいらっしゃるでしょう。ぜひ、子どもがまちを舞台にまちと共に育つ「まち保育」を進めてほしいと思います。

第 II 章

まち保育を はじめよう

まち保育式
おさんぽのススメ

多くのモノ・ヒト・コトに
出会うために

Section Point

- おさんぽを見直して、地域資源をフル活用した「まち保育」として捉えよう。
- 家の前にあるささやかな草木、花の存在は個人の活動の結果だけれども、季節の移り変わりとともに生き物たちと子どもたち、子どもたちと地域の人をつないでくれる。
- 大袈裟なことはできないし、無理もしない。作る方も食べる方も両方うれしい、簡単でもおいしい料理！ の精神が「まち保育式おさんぽ」にはありそう。

1．園庭を飛び出してリフレッシュしよう！

　子どもの心身の成長にも重要な役割を果たす「外遊び」を体験できる環境の整備および確保が必要とされています。施設内の園庭が手狭になって、園児の人数に応じた屋外の遊び場の確保が困難になっています。

　また、最近では騒音の問題など、園庭はもとより、室内での活動までもが制約を受けている事例があります。このように屋外で自由に遊べる場所・機会の減少はもちろん、ライフスタイルの変化により、体力の低下や異世代・異年齢の人たちとの交流が減少していると言われていることから、かねてより、園外活動を取り入れている保育施設も少なくありません。

　ここでは、日常保育における役割が見直されている「おさんぽ」をキーワードに考えます。遠足などの大掛かりなイベントではなく、「一日の流れをとくに変えず、保育施設の周辺に出かける日常的な活動」のことです。そして大袈裟に考えずに、見方を少し変えるだけで子どもの心と身体がリフレッシュできる「まち保育式おさんぽ」について紹介します。

2．園外活動としてのおさんぽは2パターン

　保育所が実際に行っているおさんぽについて調査した結果[1]を整理してみると、"目的地があるさんぽ"と"目的地がないさんぽ"があります。当然、立地に影響されますが代表的なルートのパターンは表1に示す通りです。とくに目的地を持たないおさんぽルート

は、全体の7％で、おさんぽの途中に、園児が楽しみにしている「いつものお楽しみスポット」があります。具体的には、電車の見える道、商店街、お花屋さん、犬のいる家、季節の木の実がなる木などです。また「目的地あり」「なし」ともに安全確保の視点から、交通量の多くない住宅地がルート上にほぼ含まれています。

目的地として一番多いのは公園でした。すべての保育所がおさんぽの目的地として公園を利用しており、重要な拠点です。ちなみに目的地をもっとも多く持つ保育所は29か所、もっとも少ない保育所は3か所、平均は約7.6か所／園でした。園の立地によっては適切な目的地に恵まれないこともあります。しかし、大人にとっての散策も、何となくブラブラするというだけでも楽しいものです。

ぶときに体力増進や運動能力の向上を保育目標に入れている保育所は少なくありません。したがって、自然に触れ、季節に応じたその違いを感じたり、地域の人とふれあうなど、施設内では味わいにくい体験のできる大切な園外活動の機会と位置づけられます。

これらを実現するために単一ルートのみならず複数のルートが存在し、臨機応変に選択されています。発達の過程に応じて適切な体験ができることが理想で、体験には、まずきっかけがあります。そもそもきっかけとなるものがあるか、次にそのきっかけに気がつけるかで体験の有無が決まります。前者は環境側にありますが、この豊富さがおさんぽルートにどのくらいあるでしょうか。

後者は子どもに委ねたいところですが、発達の過程に合わせて保育者の手助けも日常の保育で行われています。おさんぽの際に子どもが気づくのは「モノ・ヒト・コト」であり、子どもたちの心身の発達を促す体験の源となる「地域資源」と捉えることができます。

3．子どもの発達を促す体験の源

保育所からの距離、安全性はもちろん、ルートを選

表1．おさんぽの代表的なルートパターン

（1）目的地あり

ルート1	保育所	→	住宅地	→	公園（目的地）						保育所
ルート2	保育所	→	住宅地	→	商店街	→	公園（目的地）				保育所
ルート3	保育所	→	住宅地	→	歩道橋	→	住宅地	→	公園（目的地）		保育所
ルート4	保育所	→	住宅地	→	坂道	→	公園（目的地）				保育所

（2）目的地なし　　　　　　　　　　　　　　≪ お楽しみスポット ≫

ルート5	保育所	→	畑の前	→	電車の見える小道	→	住宅地		保育所
ルート6	保育所	→	交番の前	→	どんぐり坂	→	住宅地		保育所
ルート7	保育所	→	住宅地	→	商店街				保育所

４．変化する身近な自然に出会う

草花や昆虫・鳥などの生き物に出会ったとき、子どもたちはじつにイキイキとした表情になります。どんな立派な図鑑や絵本を見せたとしても、あのキラキラした目にはなりません。保育者や各分野の研究者たちが自然と関わることの重要性を、連綿と指摘していることに誰も異論はないと思います。私たちの調査結果でも公園に求める保育の目標に「自然に触れ、変化を感じる」「生き物に触れる」が挙げられています。

とはいえ、保育施設周辺のおさんぽルートは「自然」の程度は異なって当然で、山や川や森などの「自然」環境に触れられる園ではより本格的な出会いを得られますが、都市型の保育施設ではむずかしいものです。だからといってあきらめることなく、都市の中にひっそりと佇む「身近な自然」をぜひ探してみましょう。

５．道すがら地域の人たちに出会う

おさんぽでの子どもの楽しみは、偶然出会う「ヒト」もおさんぽの醍醐味です。「犬をさんぽさせているおばちゃん」「実のなる木を毎日手入れするおじちゃん」など、「こんにちは」と声をかけ、交流することも、子どもにとっての大きな楽しみの出来事となります。

もちろん人見知りの子どもにとっては楽しさというよりも、施設内では経験できない緊張感かもしれません。いずれにせよ社会性を育む機会として、人と出会うことは大きな出来事となります。

６．家や商店、町工場の佇まいに出会う

おさんぽルートに含まれる「住宅地」も、それぞれの住宅には「塀」があったり、「車庫」があったり、「庭」や「生垣」がある。形も色も、それぞれに違う。そこに住む人の趣味や人となりによって、一見同じように見えてしまう佇まいがじつは多様であることもわかってくるかもしれません。

商店であれば、店先にさまざまな「商品」が並ぶことを知ることができる。入口が大きく開いた町工場には、ふだん聞くことのない「音」も、見ることのない「道具」も、「匂い」もある。このように自分たちのまちの機能に出会うことができます。

安全確保は大前提として、子どもが過ごすには“閑静な住宅地”もよいけれども、「まち保育式おさんぽ」では、近隣商業地域など商店や町工場などがある、にぎやかで動きのある環境の方が子どもの感性を刺激するので断然おすすめです。これを“感性（閑静）な住宅地”と勝手に名付けています。

７．「ひとまとまりの空間」に出会う

これまでの話から少しスケールを拡大します。「ひとまとまりの空間」にはたいてい名前がついています。「○○公園」「△△神社」「××商店街」など、「名前」がある「空間」です。たいていこのような空間は、いわゆる目的地になりやすいものです。

子どもが「家」と「保育施設」の往復で育つのではな

く、その周辺に名前の付いたいくつもの空間があることも知ることができます。空間と空間の距離感や、空間と空間の並び方（◇◇駅前の前に××商店街があり、その先に〇〇公園がある）にも気づくようになります。

発達の過程で子どものテリトリーや行動圏域が拡大・複雑化するプロセスにおいては、このような「ひとまとまりの空間」を介した気づきの積み重ねが根底にあるものと思います。

8.「名前のない空間」は出会いの宝庫

もちろん恵まれた宅地であれば「庭」と呼ばれるものがあるだろうし、これは先に述べた名前のある「ひとまとまりの空間」になりますが、私的な要素が強いので立ち入ることができません。そこで着目したいのが、建物の建ったあとの庭以外の「余白の空間」です。これは名前を付けようがありません。このような空間は誰も気を留めませんが、道路に面したところにがんばって小さな木を植えていたり、植木鉢を置いたりしている例が見られます。

そこには四季の変化が現れ、虫や鳥をはじめとする生き物が集まるきっかけになっています。そこを通れば自然とふれあうことと、挨拶に代表される一瞬だが持続の可能性がある居住者との交流の2つが達成できることになります。安定して出会えるというより、ちょっと私的な雰囲気がある「本日の偶然お楽しみスポット」です。家の前にある植木鉢などがモノ・ヒト・コトとの出会いに寄与できるはずです。これは居住者

も無理をしている行為ではないことが重要です。ほんの一例ですが、このような断片的な空間に関心を持ち、地域の中で各戸が小さな自然を呼ぶような佇まいが増えることも今後の展開として秘かに期待できるのではないでしょうか。

9.やってみよう！「まち保育式おさんぽ」

まずはいつもの「おさんぽ」をちょっと変えてみましょう。「まち保育式おさんぽ」は、公園などの目的地と園との行き来ではなく、その間の道のりを楽しむことです。行き道・帰り道、ではなく、のんびりした筋書きのない一筆書きのようなおさんぽです。

何かをはじめるときは大袈裟ではなく簡単で楽であることが必須です。「まち」の中に見え隠れしているモノ・ヒト・コトを少しだけ意識してほしいと思います。きちんと計画して目的地まで行く「さんぽ」に疲れてしまったら、ぜひ目的地も目的もない、この「まち保育式おさんぽ」を試してみてください。

子ども自身の心身の発達や社会性の発達、また地域の交流はもちろん、「まち保育式おさんぽ」が定着していけば、おさんぽで通る「まち」全体を保育の場として捉えられるようになるだろうと思います。

1）巻末文献リスト 報2）、学論25）、学論30）

参考文献
● エドワード・S・リード、細田直哉訳、佐々木正人監修：アフォーダンスの心理学 ―生態心理学への道、新曜社、2000年
● 佐々木正人編：包まれる人 ―〈環境〉の存在論、岩波書店、2007年

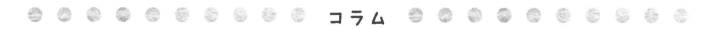

コラム

「まち保育」のメガネを通して身近なお店・商店街を見てみよう

　子どもはお店や商店街での買い物からじつにたくさんのことを学びます。大げさに言えば、買い物は私たちの社会がどのように成り立っているのか、その仕組みに触れる大切な機会です。品物の名前を覚えたり、品物の数を数えたりする機会にもなります。

　また、チェーン店でない限り、お店のインテリアにはお店の人、つまり「お店屋さん」の個性が現れています。お店屋さんにとっては、いかにして楽しく買い物をしてもらうか、買い物客のハートを掴むことはとても大事な仕事の一部です。ですので、お店屋さんはまちとまちにいる人をよく見ています。お店屋さんは人づきあいのプロであり、まち観察のプロでもあるのです。

　例えば、三鷹市で行われた調査では次のようなデータがあります[1]。小さな子どもを持つ母親に、よく買い物する場所を具体的に尋ねてみたところ、上位には設備の充実した大型の商業施設が多く挙げられました（表1）。これらの施設をよく利用する回答者の中には「子どもが好きなジムが置いてある」といった回答もありました。つまり、大型商業施設には子どもが遊べる遊具や空間、興味を引くおもちゃなどが充実しており、この点が評価される傾向が見られました。

　一方で、商店街をよく利用する回答者の中には「商店の人たちに遊んでもらっている」といった回答もありました。この場合、大型の商業施設にある「遊具」や「おもちゃ」ではなく、「お店屋さん」が、子どもの満足度を引き出す役割を果たしており、評価されている点がポイントです。まちのことをよく知っているお店屋さんとのふれあいは、子どもだけでなく大人にとっても新鮮な発見があることでしょう。

　このようにしてみると、大型商業施設と身近なお店・商店街では、そもそも魅力の質が異なることに気がつきます。どちらが良いということではなく、どちらも大いに活用してみてはいかがでしょうか。

表1．親子でよく買い物する場所の上位とその特徴

場所	指摘数	移動手段	滞在時間	頻度	過ごし方（保護者）	過ごし方（子）	気に入っている点
I 総合スーパー	19	自家用車	90～120分	月に2～3回	買い物しながら見守り	単独遊び	店内が広い
K 商店街	16	徒歩	150分～	月に2～3回	買い物しながら見守り	保護者に同行	保護者のストレス発散
T 百貨店	14	バス	90～120分	月に2～3回	親子で遊び	親子で遊び	プレイスペースが充実
S 食品スーパー	14	徒歩	～30分	週に2～3回	買い物しながら見守り	保護者に同行	カート・無料休憩所
M 商店街	7	徒歩	～60分	週に2～3回	買い物しながら見守り	保護者に同行	子どもの外気浴

第Ⅱ章 ● まち保育をはじめよう

　また、横浜市で行われた調査[2]からは、買い物に行く範囲の大きさと、親子でよく行く場所の箇所数の関係についての傾向が示されました（図1）。例えば、図書館、多目的公共施設、自然（公園）などを利用する人は、買い物の範囲が広く、親子でよく行く場所の箇所数も多い傾向が見られました。こうした人たちは、自家用車などを利用して遠くに出かけることの多い人であるようです。

　一方で、身近なお店や商店街を利用する人は、買い物範囲はコンパクトであるけれども、多目的公共施設、自然（公園）などを利用する人と同様に、親子でよく行く場所の箇所数が多くなる傾向が見られました。こうした人たちは徒歩や自転車などを利用して地域で過ごす時間が多い人であるようです。

　まち保育の出発点として、地域で過ごす時間を増やしていくことが大切ですが、まちの中の身近なお店や商店街を利用する機会を増やしてみてはいかがでしょうか。お店屋さんとのふれあいが得られるとともに、買い物の行き帰りにお気に入りの場所をたくさん見つけられるかもしれません。

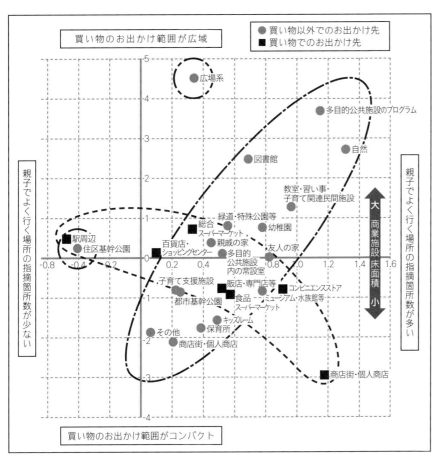

図1．親子で買い物する範囲とよく行く場所の箇所数の関係
※指摘箇所数の多い−少ないを示す軸の相関係数は0.69、
買い物のお出かけ範囲のワイド−コンパクトを示す軸の相関係数は0.50であった。

1）福井宏樹：親子の居場所としての身近な商業環境に関する研究—三鷹市における子育て期の商業施設利用の分析からの考察、横浜国立大学卒業論文、2006年
2）巻末文献リスト 学論3）

まち保育式おむかえで「孤育て」を解消

Section Point

- 「おむかえ」を介して保護者同士の交流が発生するような「何ともいえない場」を取り入れた施設デザインを考えよう。
- 「おむかえ」で発生した交流をそのまま継続・広げるための「場」を地域の中に増やしていこう。
- 「まち保育」に向けたハード面から子育てを手助けする整備が親子の活動を豊かにし、保護者の育児不安軽減にもつながる。

1. 親子を地域へつなげるインターフェイスとしての施設デザインとは

地域コミュニティを含むさまざまな人間関係の希薄化や、親子で過ごす身近な場所が地域の中に少ないこと[1]から、幼稚園就園後（3～5歳）においても母親の育児不安はなかなか解消されない実態がうかがえます[2,3]。本来、末っ子が幼稚園に通う頃になれば、これまでの朝から晩までの「親子カプセル状態」（孤育て）からいよいよ解放され、母親は少なからずひとりの時間が確保されるはず。それに伴い、子育て不安もぐっと減少するかと思いきや、私がこれまで行ってきた調査結果からは決してそうとは言えない実情が浮かび上がってきています。

そこで、子育てを支える資源のひとつとして親子が日常的に利用する保育所や幼稚園を地域とのつなぎ・境界＜インターフェイス＞（interface）と捉え、その機能に期待しつつ、これからのデザインや施設周辺環境のあり方について考えてみたいと思います。

2. 地域との接点となる「おむかえ」の形態

保育所や幼稚園では当たり前のようにみられる子どもの「おむかえ」場面ですが、最近はどんな形態が主流となっているのでしょう。関東首都圏で預かり保育を実施している幼稚園と保育所の併せて100か所を対象にまずは電話による聞き取り調査を行いました[4]。幼稚園では、4時間の保育と預かり保育が実施

第Ⅱ章 ● まち保育をはじめよう

され、通常保育では保護者が施設まで足を運ぶ「来園（おむかえ）組」と自宅近くまで送迎有（徒歩含む）の「バス組」に大別されていました。

ちなみに、調査した保育所の中には「ドライブスルー方式」で子どもの引き渡しを行っている施設の存在も確認されました。その名の通り、保護者が車から降りずに子どもの受け渡しをする仕組みです。まさに今の時代を象徴する形態に驚きましたが、そんな手段ではおむかえに伴う人的交流・コミュニケーション発生の話は論外となってしまうことは言うまでもありません。

3．おむかえの形態によって変わる育児不安

ここでは保育所に比べて降園時間が早い幼稚園に着目し、保護者（母親）870名（有効回収数585件）を対象に行ったアンケート結果とおむかえ場面での行動観察調査から見えてきたことを概観してみます。

まず、母親の育児不安[5]は全体に高い傾向にあり、7割以上が心配や不安に思うことが「よくある・時々ある」と回答していました。なかでも降園時間がもっとも早く、毎日施設まで直接おむかえにくる「来園組」の方が、「預かり保育」や「バス組」よりも高い育児不安傾向を示していたのが特徴的です（図1）。

ちなみに「おむかえ組」は専業で子育てをしている割合が高く、母親の行動特性は二極化の傾向がみられました。ひとつはふだんから母親同士の会話交流を意識し、親子で積極的に外出することでなんとか育児不安を解消しようとするタイプ。その一方で、毎日施設に足を運んでいるにもかかわらず、保育者や他の保護者との関わりがほとんどない母親（約2割）の存在もこの調査では確認され、驚きでもありました。

それにしても、来園組のおむかえの場面では、施設敷地内において母親同士の会話・関わりの頻度が比較的高いことが行動観察によって確認されていたにもかかわらず、なぜ高い育児不安を示しているのでしょう

写真1．おむかえの場面

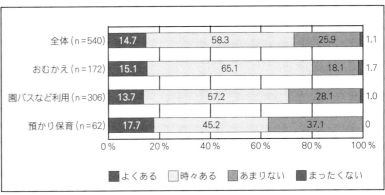

図1．保護者の育児に対する心配や不安に思う頻度（幼稚園におけるおむかえ形態別）

か。そこで、おむかえ時やその直後に発生する母親同士の会話・交流場所、さらには交流時間にも着目してみると、その理由が見えてきました。

4．意外に短い⁈ 来園に伴う母親の滞在時間

この調査では、子どものおむかえ時、来園組の６割近くが「ほぼ毎日」、他の保護者と会話を交わしており、同時に園庭や施設近くの公園でも母親同士の交流が確認できました。しかし、おむかえ時に発生する交流は比較的短く終わってしまいます。預かり保育実施の影響もあり、施設敷地内には母親が気兼ねなく滞在できるスペースも少ないのが現況です。実際、おむかえに伴う保護者の滞在時間の７割が「10分以下」と短いものでした。残念ながらおむかえをきっかけとして発生する活発な母親同士の交流も、そのほとんどは一時的な会話で留まっていたのです。

一方、バス組の降園時後の親子の活動場所は、集合住宅の中庭や車がほとんど通らない路地・自宅・友人宅など、交流・活動場所の選択肢の広さが目立ち、なおかつ時間を気にせずに滞在できる場所で過ごしていました。つまり来園組に比べると交流の継続性という点で、比較的保たれやすい環境下にあると言えるわけです。

5．降園後の過ごし方と母親の育児不安

さらに、調査からわかった降園後の親子（母親と子ども）での過ごし方とその評価（満足度）を概観してみましょう。全体に自宅で過ごす（約７割）・買い物（５割）・子どもの習い事（４割）（すべて複数回答）といった「親子のみ」での行動が多く、とくに来園組では、降園後の過ごし方に対する満足度の低さと親子一体型の行動傾向が目立ちました。

また、そうした行動特徴（親子一体型）にある母親の育児不安は、非常に高いグループと低いグループとに二極化していることも浮き彫りになりました。

写真2．広さと明るさ、安全性が確保された半屋外スペースでは、保護者同士の活発な交流が発生しやすい

写真3．エントランス付近にある広々としたウッドデッキは、送迎時の保護者交流だけでなく、子どもの多様な遊びと広がりを支える

第Ⅱ章 ● まち保育をはじめよう

それと同時に、来園組の中でも育児不安が低い傾向にある人は、おむかえの際に施設の敷地内や施設周辺の空き地・道路・公園などで「平均17分以上」滞在していることもわかりました。「利用する施設から500メートル圏内にある公園や空き地・公共施設であれば、降園後に親子でそのまま移動しやすい」というアンケート結果も出ています。実際、施設隣に小規模な（子どもに目が届きやすい）公園が隣接したタイプの幼稚園では、降園後、多くの親子がそのまま公園に流れていく様子が行動観察では多く記録されており、そうした園では母親の育児不安の低さが捉えられています。

6．おむかえ行為から見たインターフェイスとしての施設＝おむかえ空間

こうした結果から、おむかえをきっかけとして施設敷地内だけでなく、周辺道路や空き地・公園といった地域の中で他の親子と一緒に気兼ねなく過ごせることが、母親の育児不安軽減につながっている可能性が示されたと言えます。

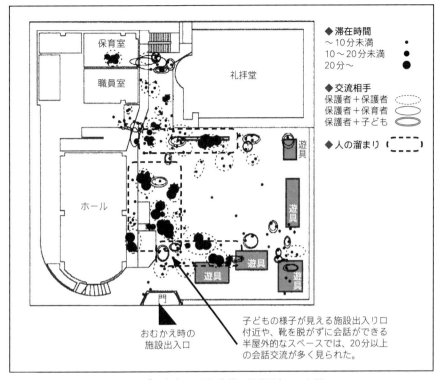

図2．「園庭出入り型」施設の行動観察シート例

では具体的に、就学前に利用する施設ではどんな空間構成（玄関・出入り空間）が、おむかえ時の保護者や親子同士の会話交流の誘発に効果的なのでしょうか。検証してみました（図2）。

まずは施設への出入り動線に着目すると、保護者が出入りの際に園庭を介し、なおかつ園庭から直接室内にアプローチできる従来型の「園庭出入り型」施設においては、活発な親同士の交流や保護者と保育者とが会話する場面も多く見られました。一方で、防犯上、近年この形は敬遠されていることも確かで、時代

に相反するデザインとも言えます。しかし、ふだん園庭を利用しないケースでも、施設玄関付近に屋外余剰スペースが確保されている場合は日常的な交流について、保護者の評価が高かったのです。

また、こうした環境下にある施設では、おむかえをきっかけとした保護者同士の交流機能が良好に保たれていることもわかりました。

さらに、庇がある半屋外的な空間では、子どもの送迎時、母親の「ついでの行為・会話」発生場面が頻繁に見られ、人の溜まりやすさと縁側的効果がフルに発揮されていました。また、このアンケート調査では、多くの母親は多かれ少なかれ育児不安を抱える反面、ふだん、保育者にちょっと聞きたい相談したいことがあっても、施設に上がり込んでまで相談することへの抵抗感の強さが示されていました。これは、建築計画分野での行動観察でよく検証されているポイントのひとつです。

一般的に「靴を脱ぐ」行為は計画する側の想像以上にハードルを高くしているケースが目立ち、多くの人にとって「わざわざ靴を脱いでまで…」という感覚はいまだ根強いことを象徴しています。とくに最近の母親は保育者から「口うるさい親・心配性な親と思われたくない」という潜在意識の強さもうかがえ、聞きたいことも聞かずに我慢している（とくに年少児の母親）、そんな実態がアンケート自由回答欄からひしひしと伝わってきました。

また、施設周辺道路では保護者同士の送迎時に発生する会話（音）が近隣住民からのクレームにつながる事例もみられ、玄関付近には「おしゃべり禁止」の張り紙が掲示されている施設も珍しくありません。

こうした時代背景を鑑みても、室内に上がり込まずともちょっとしたおしゃべり・相談ができるスペース（何ともいえない場＝インターフェイス）を施設敷地内に意識して確保することは、建物内に立派な「相談室」を設置する以上の効果が期待できるはずです。

写真４．エントランス付近に余剰スペースが確保された施設では、周囲を気にせずゆっくりとおしゃべりをする母親の姿が見られる

写真５．施設出入り口付近にあるシンボルツリー（桜）を利用した手作りのウッドベンチには、子どもも大人も自然と集まる

7．今、求められる、親子の活動を豊かにする施設デザインとまち保育

　本来、この調査は、昼間比較的早い時間での「一斉解散」という形の幼稚園利用者特有の交流に期待しつつ、おむかえ場面の行動観察からスタートしたものです。しかし、実際は都市部だけでなく、郊外にある幼稚園でも降園後の親子に開放できる園庭や交流スペース確保のむずかしさがうかがえ、保護者同士の交流が発生してもそれを継続させる周辺資源の乏しさが浮き彫りとなるものでした。

　ちなみに、休園日の過ごし方の満足度では、保護者全体の5割以上が「普通〜とても不満」と感じており、主に過ごしている場所として「子どもも遊べるスペースが併設された商業施設」が多く挙げられています。実際に行く場所と保護者の潜在的ニーズとのズレも垣間みえますが、もちろんこうした商業施設をうまく利用しながら子育てを楽しんでいる声も多数あり、そこしか行く場所がない、またはそこしか知らない親子も含めて、近年多くの子育て世帯にとって大型商業施設は、もはや必要不可欠な存在になっていることも間違いありません。

　その一方で、降園後や休日には子どもの成長発達を意識した「屋外の活動スペース」「遊具が豊富で自然豊かな公園」を、身近な場所に求める声がもっとも多かったことも、まち保育の環境を考えるうえで忘れてはなりません。

　まちには魅力的な場所やモノがたくさんあります。

おむかえ時、子どもたちから聞いたまちの「イイトコロ」について、保護者同士でも話題にあげて共有されれば、降園後や休日の親子の生活がもっと豊かになるかもしれません。

　ふだんから保育者や保護者同士の関わりが乏しい、親子での外出自体も少ない、孤立した育児につながりやすい傾向にあることから、そうした親子をまちに引き出すきっかけづくりも強く求められています。日常的な子どもの「おむかえ場面」を地域とのインターフェイス＝「地域への玄関口」と捉え、子育て期の親子の交流を誘発する役割やつなげる役割を担うような施設デザインの広がりと孤育ての解消に期待します。

1）巻末文献リスト 学論32）〜34）
2）田坂綾子、松橋圭子、藤岡泰寛、大原一興：降園時のお迎え行為から見た人的交流発生の場としての幼児施設のあり方に関する研究 その1、日本建築学会学術講演梗概集（九州）、E-Ⅰ、p.159-160、2007年8月
3）松橋圭子、田坂綾子、藤岡泰寛、大原一興：降園時のお迎え行為から見た人的交流発生の場としての幼児施設のあり方に関する研究 その2、日本建築学会学術講演梗概集（九州）、E-Ⅰ、p.161-162、2007年8月
4）前掲2、3に同じ
5）保護者（主に母親）が日常育児をする中で感じる疲労感や充実感の欠如・ストレス・不安を「育児不安」と捉え、本調査では岩田（2000）[6]による「母親の不安尺度」を用いて測定した。
6）岩田美香：現代社会の育児不安、家庭教育社、2000年

参考文献
● 松橋圭子：子どもの活動と親の評価からみた人的交流を促進する施設環境研究 ―学童保育に着目して―、日本子ども家庭福祉学会第9回全国大会報告集（関東）、2008年6月

迷惑と言われない音環境づくり

Section Point

- 保育活動で発生する音を過度に気にするのではなく、音の特徴や地域の特徴を知り、近隣の人たちと一緒に良好な音環境をつくろうという発想の転換が大切。
- 音に対する感情は、物理的な音量だけでなく、音の発生源との心理的な距離で大いに左右される。
- まち保育は近隣の人たちとの心理的な距離を縮める有効な手段でもあり、地域のさまざまな音環境資源に気づく機会にもつながる。

1. 保育施設の音環境に何が起きているのか

　ここ数年で、保育施設の騒音問題が取り沙汰されることが多くなりました。保育需要の高まりを受けて保育施設を増やすにも、都市部では保育に適切な敷地を確保することはきわめて困難です。商業ビルのように、本来、保育施設が入居するような建物のつくりではなくても一部改修して開所するケースも増えています。また、従来は保育施設がなかった郊外の閑静な住宅地でも空地を頼みに開所するケースも出てきています。

　これと並行するように、住宅地の高齢化は着実に進み、団塊の世代が大量にリタイアしたことで、日中、住宅地で過ごす人の層は変わってきました。住環境に関心を抱く住民が増えてきたとみることもできます。さらに、保育施設に関わる音環境の研究がこれまでは少なかったため科学的データが乏しく、そのために先入観や憶測で判断されやすいという現状もあるかもしれません。

　このような状況下で騒音問題として保育施設がクローズアップされてきたのだと考えます。保育施設も住民も戸惑っているというのが実態ではないでしょうか。

2. 本当に「うるさい」のは子どもなのか

　保育施設の騒音問題というと、子どもたちの遊び声をイメージする方も多いと思いますが、保護者のおむかえ時の音が苦情になることもあります。停車中のエ

ンジン音や玄関先での大人同士の会話などが騒音源になりやすいのです。路上駐車によって近隣の交通の妨げになるケースもあります。園庭で大勢の子どもが遊ぶ声は、確かに日常の静穏な場においては違和感があるかもしれません。しかし、新設される保育施設の多くは園庭を十分に確保できないので、園外活動で外遊びを補っています。ですから、必ずしも「園庭からの子どもの声がうるさい」わけではありません。騒音源＝保育施設＝子ども、と捉える見方をまず修正する必要があるでしょう。

3．保育者は心を痛めています

2011年4月以降に開所した保育施設を対象とするアンケート調査[1]では、保育者が周囲に対して気にする音の多くが「室内の子どもの声」「室内の保育者の声」でした（図1）。

また、同じ調査から、商業ビルなど建物の一部に入居する保育施設では、半数以上の保育者が「同じ建物内の人々」に対して音漏れを気にすると回答しており、戸建ての施設と比べると周囲の人たちに対して音漏れの不安を抱きやすいこともわかりました。

さらに、新築よりも既存の建物に途中から入居する保育施設では、音漏れをより気にする傾向にあります。建物が賃貸のため防音対策が取りにくく、既存の建物に保育施設が後から越してくるため、建物内の人たちと交流が十分取れないことも理由として考えられます。

保育者が周囲に気兼ねなく安心して保育できることが、子どもたちの健全な成長の必要条件と考えれば、保育施設がテナントビルなどに途中入居する場合、吸音や遮音対策のための改修はビルのオーナーにも理解してほしいことです。自治体も室内環境の質を担保するための支援策を講じる必要があるでしょう。これは音環境に限ったことではなく、幹線道路沿いに立地することが多い商業ビルに入居する場合、空気環境のことも考え、適切な換気設備や開口部の改修を必須条件として検討する必要があると言えます（49-50頁参照）。

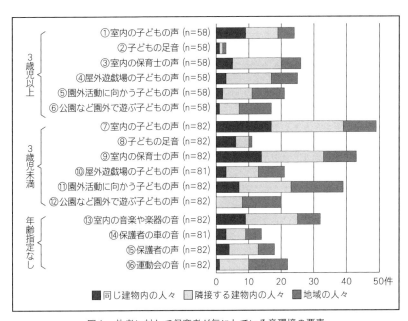

図1．他者に対して保育者が気にしている音環境の要素

4．音による心理的な影響

　騒音解消策というと、聞こえる音をなくすか、音量を小さくすることをイメージする方が多いと思います。しかし、音の不思議なところは、音を耳にする人が、その音源に対してどのような心理状態かによって「騒音」とも「にぎわい」とも真逆の感情を抱くことです。

　例えば、顔馴染みの近所の子どもが弾くピアノの音が聞こえてくれば、「〇〇ちゃん、練習をがんばっているのかな」と微笑ましく思うでしょう。一方で、自分の生活リズムとは異なるペースで、どこからともなく誰が弾くことも知れぬピアノの音がしてきて、止めさせることができなければ、不快な気持ちになるでしょう。

　このように、同じ音の種類や大きさでも、音の発生源に対する心理的な距離で音への感情は変わるものです。航空機騒音など著しい聴覚への影響や日常会話さえ困難なケースを除けば、騒音は物理的な対策だけでなく社会的な対策で緩和されることもあるのです。

5．2つの静けさに目を向けて

　保育施設と騒音問題については2つの側面があります。近隣住民の静穏な住環境を維持する側面と、子どもの成育に必要な音環境を維持する側面です。静穏な住宅地を避けて、幹線道路沿いや高架下など、これまで保育施設には不向きとされるエリアまで設置が拡大

表1．保育施設に関するWHO環境騒音のガイドライン

WHO（世界保健機関）環境騒音のガイドライン
● 午睡時の許容値：室内で30dB
● 園庭における外部騒音の許容値：55dB以下

しています[2]。しかし、表1のWHOの環境騒音のガイドラインを見てみると、園庭の外部騒音の許容値は55dB以下とされています。日本の昼間の住宅地に求められる音環境と同じです。子どもの聴覚への影響や振動による心身への影響は、明確に因果関係を示しにくいものですが、これは重視すべき値でしょう。ところが、幹線道路沿いの保育施設の園庭では、これ以上の値が観測されています[3]。

　子どもは、聴覚の発達と言語発達が密接に関係しています。静穏な場で大人の言葉を聞き取りながら言語が獲得され、四季を通して鳥のさえずりや虫の声などかすかな音を捉えながら感性が育まれます。保育施設の窓を開けたり、園庭に出たりする日常の行為を、交通騒音でさらすことは本来なら避けるべきことです。また、子どもが大きな声を出すことが元気の証という日頃の保育の固定概念を見直すことも必要でしょう。

　保育施設の内部も外部も、子どもたちの成長にとって適切な音環境に整えていきたいものです。

6．防音壁にこもるか、まち保育へ出るか

　園庭で遊ぶ子どもたちの声は、防音壁で緩和することはできますが、3メートルもの高い壁が住宅地に設

置されれば、周辺住民にとっても風通しが悪くなり、閉塞感も増し、決して良好な住環境とは言えなくなるはずです。子どもの原風景に無機質で閉塞的な空間を刻むことにも胸が痛みます。

樹木や緑は直接的な遮音効果は低いですが、喧騒感を緩和することが知られています。住環境を緑豊かにする観点からも、植樹も一考の価値があるでしょう。

また、保育施設内の音は大きな窓を全面でも開けない限り、保育者が思うほど漏れていないものです。窓をまったく開けない方が室内の空気環境に適切とは言えません。屋外が静穏で音漏れへの十分な配慮が必要ならば、窓の遮音性能を高める方法もありますが、声量の比較的大きい高年齢の幼児の部屋（窓）を隣家に向かない位置に変更することも有効でしょう。

さらに、既存の建物に入居する際に吸音対策を忘れていると、子どもと保育者の声が室内で反響して言葉が聞き取りにくいために、お互いが大きな声を張らざるを得なくなります。天井岩綿吸音板など室内の吸音処理を行うことで、互いの声が聞き取りやすくなり、声量そのものが低くなるという報告もあります[4]。

送迎時の音の問題は、発生音をなくす、または遠ざけることが基本的な対策になります。アイドリングストップのマナーはもちろんのこと、送迎スペース（インターフェイス、38頁参照）のつくりや配置を隣家に向けない工夫で緩和されるでしょう。たとえ不便でも、駐車場の位置を隣家から離すべき場合もあります。

次に、心理的な影響について考えてみましょう。園外活動のときに、子どもと一緒に保育者が近隣の人たちに挨拶することや町内活動に参加することで、顔と顔・心と心の直接的な関係が築かれ、音の心理的な距離が縮んでいくことに注目すべきでしょう。日常の中で近隣住民の暮らしやそのリズムを知ることによって、自分たちの保育活動とのすり合わせや地域環境へのまなざしが培われ、地域全体で良好な音環境を築くきっかけにもなるはずです。

これは、「まち保育で防災力アップ」（56-60頁）で述べられている保育施設や近隣住民の人たちの防災や減災の強化にもつながります。

園外活動は、園庭での子どもの遊び声を物理的に隣家から遠ざける効果もありますが、道行く人や近隣の人たちと交わすコミュニケーションが何より心理的な距離を縮め、騒音感を減らすことにつながっていきます。音漏れを極度に気にして建物に閉じこもる対策よりも、積極的に園外活動に出かけ、子どもも保育者ものびのびと過ごせるまち保育的対策が望ましいと考えます。子どもの運動、社会的学習、自然とのふれあいなど、さまざまな五感を刺激する園外活動で音の課題に対して「開く対策」を取ってみてはいかがでしょうか。

1）巻末文献リスト 学論14）
2）船場ひさお：保育のための音環境 ─音から考える保育空間の質と環境整備指針─、日本建築学会第75回音シンポジウム、2015年7月
3）山本理貴、太田篤史、田中稲子、船場ひさお：幹線道路沿いに立地する保育施設の音環境評価、日本音響学会騒音・振動研究会講演資料、2015年8月
4）迫田一晃、齊藤宗英、川井敬二：保育空間の音環境への吸音の効果に関する研究 その2、日本建築学会九州支部研究報告第51号、p.45-48、2012年3月

風と太陽にあふれる まち保育にするために

Section Point

- 長い時間を過ごす室内でも五感を育むには、室内に屋外の自然を取り込みつつ、室内の音・空気・光・温熱の環境を良好に保つ配慮が必要。
- 室内環境は立地の影響を強く受けるが、保育者の室内環境に対する気づきにより、その影響を緩和できる。
- 立地や建物の制約の多い都市部ではとくに、爽やかな風や木漏れ陽を感じさせる良好な園外活動の場を見つけ、そのような場所の保全に努めることが大切。

1. 五感を育む音・空気・光・温熱の環境

　私たちを取り巻く音・空気・光・熱などによって形成される環境は、私たちの健康と快適性のどちらにも働きかけています。例えば、「音環境」については、言語発達には自分や相手の言葉が聞き取りやすい静穏な場が重要ですが、無音がいいのではなく、葉の擦れる心地よいやさしい音も五感を育むためには重要になります。「空気環境」においては、生きるために必要な酸素を屋外から取り入れ、内装材やふだん使用する洗剤や殺虫剤など、さまざまな製品から発生する化学汚染物質を屋外の新鮮空気と交換しながら希釈することが必要です。これと同時に、肌触りがよく、心地よい風は五感を刺激し快適性を増すものでもあります。「光環境」や「温熱環境」の源である太陽に目を向ければ、身体の成長に必要なビタミンDの生成や生体リズムの安定に欠かせないものであり、あたたかく心地よい陽差し、木漏れ陽や日陰がつくる陰影はさまざまな感情を育むことでしょう。

　このように、子どものための室内環境を考える際には、健康への配慮はもちろんのこと、五感を育むという発想も重要になります。これは、ときには厳しい自然から身を守り、ときには自然と共存しながら人類が進化してきた過程を思えば、自然のさまざまな要素に反応してヒトの五感が育まれ心身ともに成長する仕組みを備えたことはごく当たり前のことのように思われます。

　しかし、現代の子どもは外遊びが1日4時間だとし

ても残り20時間、すなわち1日の約8割は建物の中で過ごしています。このような生活の中で五感を育もうとすれば、室内にいるときも窓を開けて自然をできるだけ取り込めること、自然豊かな外遊びの場所に出かけられることが理想的と言えそうです。

2．どのような室内環境を目指せばいいか

保育施設の室内環境について、海外では午睡時の騒音レベルや、沐浴室の温度まで基準が設けられている国もありますが[1]、日本では学校や幼稚園のような室内環境基準が存在しません。国内では温湿度については「保育所における感染症対策ガイドライン」（厚生労働省、2009年8月発出・2012年11月改訂）に「季節に合わせ適切な室温（夏期26〜28℃・冬期20〜23℃）、湿度（約60％）の保持と換気」の記載があり

表1．家庭的保育の安全ガイドラインに示された
室内環境に関する配慮事項

家庭的保育の安全ガイドライン
（家庭的保育全国連絡協議会、2012年3月）

①室温・湿度
　室温　冬期　適切な温度　20℃〜23℃
　　　　夏季　適切な温度　26℃〜28℃
　外気との差　2〜5℃
　湿度　高め　50〜60％
②換気・通風（抜粋）
　1時間に1回は窓を開放し空気の入れ替えをする。
③採光・照明（抜粋）
　直射日光の当たる明るすぎるところは（中略）カーテンで
　遮るなどの工夫をする。

ます。音環境や空気環境、光環境もとなると、NPO法人家庭的保育全国連絡協議会が発行する「家庭的保育の安全ガイドライン」（2012年3月）が一つの目安になりそうです（表1）。ただし、目安があっても建物のつくりや保育活動の内容によって、その室内環境をどのように実現するかは保育施設ごとに異なるでしょう。これらを参考に良好な室内環境づくりについて保育者同士で話し合いの機会を設けるのが、室内環境改善の第一歩になるでしょう。

このとき、子どもの背の高さで感じる室内環境と大人の背の高さで感じる室内環境では、質が異なることも念頭におくとよいでしょう。保育者のいる床上1.5メートル前後では暑くても、床上50センチメートル付近までは冷えた空気が溜まっていることもあります。

3．室内環境には立地も重要

都市部で新たに開設した保育施設が、その室内環境や屋外環境の満足度を回答した結果を図1に示します[2]。施設種別に結果を見ると、じつは立地の違いが評価を分けていることに気づきます。屋外環境に対する評価は、自治体認証型保育施設や認可保育所に比べて小規模保育施設の満足度が、「治安」「静けさ」「空気のきれいさ」「緑」について上回っています。このときの調査対象は、ある自治体で「保育所待機児童解消プロジェクト」が発足した後に開所した施設としていました（家庭的保育を除く）。小規模保育施設は、認可保育所や自治体認証型保育施設よりも比較的狭い面積

で開設できることから、その多くが集合住宅の一角に位置していました。このため、他の施設よりも住宅地に近い住環境が得られていたことから、図1のような評価結果になったものと思われます。家庭的保育者に同様の評価をしてもらうと、小規模保育施設の保育者よりも屋外環境や室内環境に対する満足度はさらに高まり、低層の住居専用地域に立地する家庭的保育の特徴が室内環境の評価に表れてきます[3]。

一方で、室内環境に対する評価は、自治体認証型保育施設の風通しや陽当たりなど、すべての項目で評価が他の施設よりもやや低くなっています。駅に近い商業地域のビルの一角で開設されることもあります。現地調査やアンケート調査で実態を見てみると、幹線道路からの交通騒音や大気汚染を避けて、窓を閉めてエアコンや空気清浄機に頼る、または防音窓に頼るケースや、隣接するビルで採光できない窓が存在するなど、屋外環境から隔離された室内環境になっているケースが複数存在しました。良好な室内環境を得る大前提として「窓を開けられる立地」が重要だということを念頭におく必要があります。

4．快適な園外活動の場とまちの環境づくり

自然を取り込んで室内環境を整えたくても、それが困難な立地の保育施設は都市部には多く存在します。そういう施設では換気設備や空気清浄機に頼りながら、室内環境を良好に保つ工夫をしていますが、それでも、制約を受けていることには違いありません。こ

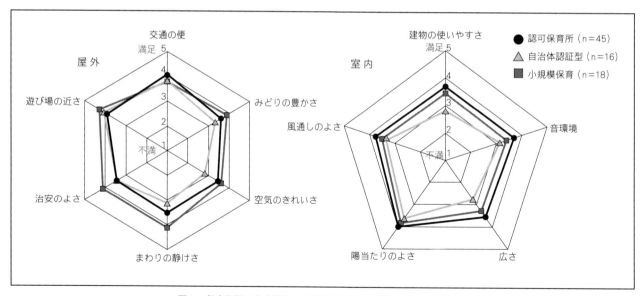

図1．保育施設の室内環境・屋外環境の満足度（左：屋外、右：室内）

写真1. 多くの人工材料で覆われた園外活動の場

写真2. 都市部にある緑地での園外活動

のような制限された室内環境を抜け出し、園外活動を行うことは有効でしょう。

　ただし、園外活動の場である公園でさえ、砂埃や雑草を避け、維持管理を軽減するため人工的な材料で被覆されていることがあります（写真1）。このため、園外活動で通る家の庭先の緑や土ですら、子どもの五感を育む場として欠かせない資源になります（写真2）。将来を担う子どもたちのために、保育者と近隣の住民が意識して良好なまちづくりに心がけ、都市部ではとくにまちの環境を改善していく努力が必要です。保育施設近隣の緑や水が豊かな空間づくりとその管理に参加することも改善行動の一つです。第Ⅲ章で紹介する「ありがとうカード」をきれいな花壇の家の方に渡すことによって、その家の花や緑がさらにきれいに維持されると考えれば、それは子どもの参加を伴う屋外環境の間接的な改善行動と言えるでしょう。

　保育施設の関係者や保護者らが、地域の人たちと空気が清浄で安全な道にする方策を協議したり、子どもと共にみなで道や公園を植栽したりするなど、まちを一緒に育てる意識と行動が大切です。まち保育で豊かな園外活動の場が徐々に増えていき、子どもたちが心地よい音・風・陽差しを浴びてのびのび育つ公園や道、まちを楽しく体験できる場が増えるということは、質の高い住環境の証でもあると思います。

1) 社会福祉法人全国社会福祉協議会：機能面に着目した保育所の環境・空間に係る研究事業総合報告書、2009年3月
2) 巻末文献リスト 学論13)
3) 巻末文献リスト 学論17)

まちを知り、まちのメンバーになろう

Section Point

- 保育施設は施設の種別や建築形態などさまざま。それに伴い、地域との関係づくりの進め方も複雑に細かく異なっていて、まち側からはわかりにくい。
- 運営法人の差異が少なからず地域とのつながり方に影響を与えているといった実態が明らかになった。
- 保育施設が地域とのつながりを育むきっかけを作るためにも、地域の一員である意識を持ち、施設を地域に開き地域の資源も活用する双方向的な関係を構築しよう。

1. 保育施設は「まち」にとってどのような位置づけになっているのか

　まち保育をすすめることは、まちとの関係づくりをしていくことに等しいものです。そのためには、子どもたちが集まる施設の種別や建築形態によってまちでの存在のあり方が異なることを前提として理解しておくことが必要です。

　ここでは2014年度に横浜市のすべての就学前児童を対象とする施設の基礎情報(職員数・園児数、所有する部屋の種類や数など)と地域交流に関してのアンケート調査結果をもとに、幼稚園と保育施設などの就学前児童が保護者と離れて過ごす施設が「まち」にとってどのような存在なのかを概観しておきたいと思います(2014年8月実施、対象1,305か所、回答率32.6％)[1]。

　まず種別の違いを運営主体に着目してみると、幼稚園はほとんどが学校法人、認可(民間)保育所は社会福祉法人が中心、小規模保育施設や認可外保育施設はNPO法人、株式会社、有限会社などさまざまです。このことを地域から見れば、ひと口に幼稚園や保育施設と言っても、どういった法人が運営しているのか、その属性がすぐにわからない複雑な構造になっていることになります。

　また保育施設の町内会・自治会への加入率に注目してみると、公立の認可保育所以外は4〜6割が町内会・自治会に加入しており、施設種別による違いはそ

れほどありませんでしたが、とくに昔からそのまちに存在している社会福祉法人などはごく自然に、一方でNPO法人が運営する保育施設はまちとの関係づくりのうえで意識的に、それぞれ町内会・自治会へ加入していることが浮かび上がってきました。

さらに、地域のおまつりや防災訓練など身近な地域の情報をどのように得ているかを見ると、情報の入手ルートは違いがみられました。町内会・自治会に加入していない場合は加入している場合に比べ、掲示板や行政からの配布物などから情報を得ており、入手先が限定されていていました。また約7割の社会福祉法人・NPO法人・学校法人が、地元在住（施設から半径500メートル、徒歩10分以内に在住）の人を雇用していて、その地元在住のスタッフのクチコミが情報入手先として大きい役割を果たしていることがわかりました。

このように、地域の中での在り方や地域との関係づくりの初期段階は運営法人や施設の種別によってバラバラなのです。

2．保育施設に来訪する「まち」、　　保育施設が出かける「まち」

まちとの関係づくりをすすめていくうえでは、その施設がまちをどのように活用しているのか、その方法はその種別や建物形態によってどう違っているのか、といったことも理解しておく必要があります。それをここでは施設に「来る」「出かけていく」の両観点から整理しておきたいと思います。

まず保育施設は2000年以降、待機児童対策として急激に施設数が増加する中、とくに他の施設と併設しているいわゆるビルやマンション内にある小規模保育施設などは保育室以外に使える部屋や園庭を所有していないか、所有していたとしてとても手狭の場合もあるという事実があります。このような状況は「誰かが来る」「どこかへ行く」といった動きに大きな影響を与えます。このことを理解するために、保育施設・幼稚園の種別・建築形態によって近隣地域の中のさまざまな場所や施設との関わりが異なることを以下のように整理してみました（図1）。

i 　**独立した戸建ての保育施設**：多くの認可保育所（公立・民間）が敷地内に園庭や保育室以外の部屋を所有している。そのため、地域の親子や他の保育施設からの来園者に対し、園庭・施設開放や交流保育を行うなど受け入れ型の交流が多い傾向にある。これは保育所の目的として地域の子育て支援が含まれていることが大きな要因と考えられる。

ii 　**他の施設と併設型の保育施設**：新設の保育施設の多くは横浜保育室・家庭的保育事業（現在は小規模保育施設）などで、他の施設と併設したタイプであった。そのため園庭がない施設が多く、必要最小限のスペースで保育を行っているところが多い。外遊びは近隣の公園や他の保育施設の園庭などを代替としていて、独立した戸建ての保育施設と比べるとおさんぽなどで施設外へ出かけていく機会が多い傾向にある。

iii **幼稚園**：幼稚園は保育施設と同様に地域の親子・子育てサークルが施設に来園することは多いが、保育施設の相違点として、同年代との交流よりも小中学生など少し上の年代と交流する傾向にある。小中学生が学習の一環で来園したり、小学校へ園児たちが出向いて交流するなど、同じ教育機関施設での交流を活発に行っているようである。公園は、保育施設のように遊びや交流を目的とするより運動会の練習などで利用していて、日常的ではない行事などの際に利用している様子がうかがえた。

以上のことは、施設の目的やおかれている環境により自分たちの施設だけでは行えない活動を補完するために、地域の他の施設や空間を活用し、他者との交流を図っていることの現れになります。

3．「まち」と連携すること、交流することがなぜ必要なのか

先に述べた調査から、施設側からの声として、地域の親子に対する子育て支援としてだけでなく高齢の人たちとも日常的に連携していきたいなどといった地域

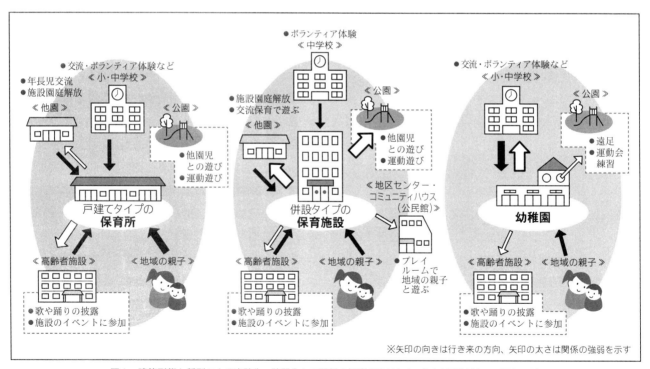

図1．建築形態と種別による来訪先・訪問先との関係の相違（2014年度の神奈川県横浜市での調査から）

交流に前向きな意見が多く挙げられました。そういう意見を持つことになった背景ともとれる、まちと施設との関係づくりの事例を見てみましょう。

ある商店街に、空き店舗を活用した認可外保育施設があります。すぐ近くに大きな冒険あそびができる公園があるという立地とその商店街の雰囲気が気に入って開設をしました。ただ当初は「車での送り迎えや騒音などで、近隣住民からのクレームが入ることが多く、運営がたいへんだった」ということで、地域に馴染めない感覚もあったそうです。そこに仲介役として調整してくれたのが商店街のみなさん。その園を受け入れている商店街会長は「子どもが騒ぐのは当たり前。クレームのすべてに対応していたら保育施設など運営できない。保育施設はできることから改善していけばいいと思う。近隣からのクレームに対しては、子どもの姿を見て元気をもらっている商店街の私たちが対処する」ということを話されていました。この保育施設をまちで守ろうという関係の現れでもあります。

また他の保育施設での実践には、「地域の人には施設のことを知ってもらうために見学会を開催している。施設に来てもらうことで、施設の印象が少しでも変わってくれることを願っている。もちろん私たち保育施設側も地域の活動に参加するなどして、地域の歴史や文化、現状などを学んだり理解を深めたりするよう努める。相互理解が大事」といった具体的な行動をしている施設もありました。

一方で、小学校の空き教室を利用して開設された認可（民間）保育所からは、「学校の中にあるが、学校とはあまり連携できていない」という声も聞かれました。同じ施設内に存在するからといって、連携の機会を待っているだけ、相手からの声かけに期待するだけではつながりは生まれないのです。

したがって、まずは施設のことを理解してもらうこと、施設側からもまちに働きかけてまちとのつながりをつくり、相互理解を経てwin-winの関係を探ろうとする姿勢がそのまちとつながるための最初の重要な一歩だということがよくわかります。

4．まちを知り、まちのメンバーになるために

まち側からは一見同じように見える保育施設も、じつは運営法人や施設の種別は異なります。だからこそ、まちのメンバーになるための第一歩として、まずは保育施設自らが地域に入っていく姿勢を持つこと・見せること、その施設はどんなことをしているのかをまち側に知ってもらうことが大事です。そうすることで、園を中心とした身近な徒歩生活圏の範囲（第Ⅳ章にて詳述）に存在する場所や人・組織を知り、保育施設がまちへの理解を深めていくことになる。

この双方向の関係こそが「まち保育」をはじめる第一歩となっていくのです。

１）巻末文献リスト 学論 8）

まち保育で防災力アップ

福祉避難所としての保育施設の可能性

Section Point

- 子どもの施設や家庭だけでなく「まち」での災害対策も考えよう。
- 子どもの施設を拠点に災害時にも助け合える共助の仕組みをつくろう。
- ふだんの「まち保育」は子どもたちが暮らす地域の防災力アップにつながる。

1．災害時に子どもの施設はどうなるのか

保育施設や幼稚園、地域子育て支援拠点などの子どもの施設では、「もしも」のときに備えて、建物の耐震化や家具の固定、食料などの備蓄、避難訓練、引き渡し訓練などさまざまな災害対策を行っています。

しかし、いざ災害が発生したとき、保育者や教員、職員が、備蓄品だけで、子どもたちを守り続けることは困難です。電気やガス、水道、通信が途絶え、保護者がいつおむかえに来るのかわからないまま、いつもと違う環境で長時間待つことになります。地震後の津波や火災、大雨で洪水や土砂災害の危険が迫っていたり、建物が壊れて施設内に居続けられないときは、近くの避難所などに逃げて、保護者のおむかえを待たなければなりません。

どこへ逃げるのか？ 子どもたちを連れて安全にかつ迅速に避難場所まで行けるのか？ そこに助けてくれる人はいるのか？ 子どものための物資はどこから調達するのか？ 地域の環境を把握し、地域の人たちと助け合える関係性を築くことは重要な災害対策と言えるでしょう。

東日本大震災では、「日頃から地域の方と一緒に津波を想定した避難訓練を実施していた。その成果があって、震災時にご協力いただき、子どもたちを守ることができた」「避難する途中、保育所の近くの会社の方々が子どもたちを抱っこしてくれたり、散歩車を押してくれるなど手伝ってくれた」「園に隣接する、

工事用重機を取り扱う会社から発電機を貸していただき、明かりを灯すことができた」など[1]、地域の支援を得て対応した保育施設があります。ふだんから「まち保育」を通して地域を知り、ご近所と「顔の見える関係」をつくることが、災害対策につながるのです。

2. なぜ地域とつながっておくべきなのか
―小さな保育施設を地域で支える

近年、都市部に園庭がない小さな保育施設が増えています。このような施設では、おさんぽで公園などに出かけることが多く、施設の外で災害に遭うかもしれません。施設内で災害が起きたときに一時避難する園庭もなく、備蓄品を置くスペースも十分にないことが多いので、外に助けを求めざるを得ません。とくに、建物の耐震性能が不十分な場合、外へ避難することが必要になると考えられます。

横浜市の保育施設と幼稚園を対象とした2014年の調査[2]では、家庭的保育事業（現在の小規模保育施設）、認可外保育施設、横浜保育室の耐震化率が低いことが明らかになりました（図1）。これらは、どれも小規模で、保育者が少なく、開設から間もないため地域コミュニティとの関係づくりができていない可能性があります。公立保育所の約4割が近所の学校での防災訓練に参加していますが、認可外保育施設では1割に満たないのです。

一方、幼稚園の子どもたちは、ふだんは園内で過ごし、早い時間に帰宅するので、おさんぽ中に災害に遭

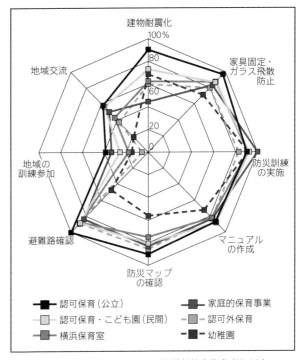

図1. 保育施設・幼稚園での防災対策実施率（横浜市）

うリスクも、園内で災害に遭うリスクも保育施設より低いでしょう。また、災害発生時に保護者のおむかえを待つ時間も保育施設より短いと考えられます。保育施設の防災対策の実施率の高さは、乳幼児と長時間を過ごす施設が抱える課題の大きさを示しているのかもしれません。

以上のように、保育施設（とくに小さな施設）は厳しい環境にあり、それを補うために、積極的に地域と関わる努力が求められます。そして、小さな保育施設をはじめとする子どもの施設を支える社会の仕組みも求められているのです。

3．防災を切り口に地域とつながるための方法

　では、地域とつながるために何をしたらよいのでしょうか。災害時に地域と連携すること（共助）が必要と感じているものの、「実際にどうすべきかわからない」といった声も聞かれます。

　まずは、おさんぽでの挨拶や、地域イベントでの交流などを通じてふだんから「顔の見える関係」をつくることが基本です。地域住民がボランティアとして施設の保育に携わることや、園庭開放などの機会に地域の親子と交流することも関係づくりに役立ちます。実際に災害発生時の協力関係を築くために、近所の小中学校で行われる防災訓練に参加したり、防災イベントを共同実施している保育施設もあります。

　一定規模以上の児童福祉施設（保育所含む）は防災計画書や消防計画を作成していますが、計画作成の指針や手引きに施設外での対策が記されているものは少なく、また、地域との連携の必要性は書かれているものの具体的な手法には触れていません。保育施設や幼稚園などを対象とした防災ハンドブック[3、4、5]や防災マニュアル作成の手引き[6、7、8、9]などには、さまざまな場面を想定した対策が整理されています。防災マップの作成やおさんぽでの対応、地域との協力関係についての記載もあるので、これらを参照しましょう。

　しかし、小さい保育施設は資源に限りがあるので、これらすべての対策を実施することはむずかしいのが実情です。そこで、子どもたちが地域で育まれる「ま

ち保育」の仕組みを築き、この仕組み（地域ネットワーク）が災害時にも機能することを目指して企画されたものが、「保育所×地域つながり力アップ・マップワークショップ」です（第Ⅲ章参照）。「おさんぽマップ」に注目し、保育所スタッフと地域の住民などが一緒にまちを歩き、まちの魅力や危険箇所・防災資源などを確認した成果をマップにまとめるもので、以下の防災・減災効果が期待されます。

● 乳幼児を含む子どもの目線でまちの危険箇所や防災資源を発掘し、その情報を関係者間で共有できる。子ども自身の防災力向上と子どもの目線に立った支援策を考えるきっかけになる。
● おさんぽマップに「危険箇所」や「防災資源」を書き込むだけで、手軽に防災マップを作成でき、防災対策の負担を減らすことができる。
● 保育者、子ども・保護者、地域住民、小学校の先生などがワークショップに参加し、参加者・協力者同士の交流が生まれる。
● 保育者が子どもとまちを点検する中で、園外活動時に災害が発生することをイメージできる。
● 防災以外にも多様なテーマを設定し、まち歩きとマップづくりを積み重ねれば、平常時との連続性を確保しながら災害時の課題と対応を検討できる。

　また、この手法を用いる場合は、それぞれの地域の災害特性や資源に応じて、まち歩きの範囲やルートを設定する必要があります。災害の種類や程度、指定避

難場所などの防災情報については、役所が公表しているハザードマップや被害想定などを参考にしてください（表1）。

他に、地域の自主防災組織や消防団と一緒に「防災体験」を行うことも有用でしょう。子ども自身が自分を守る力を身に付け、そして地域防災の担い手が乳幼児への配慮の視点を育てるきっかけになるはずです。

4．保育施設を乳幼児にやさしい福祉避難所に

保育所や幼稚園、子育て支援拠点などの子どもの施設は、地域の親子や小さな保育施設の拠り所としての役割も期待されます。乳幼児は災害時に配慮が必要な「要配慮者」として位置づけられ、それぞれの指定避難所でオムツや粉ミルクの備蓄、部屋割りに配慮することが求められていますが、実際は、子どもの夜泣きなどを気兼ねして避難所に入らなかった親子もいます。指定避難所などでの生活がむずかしい場合は要配慮者のための福祉避難所が開設されますが、乳幼児にやさしい避難所は少ないのが現状です。

表1．災害の種類

	内容
地震災害	落下物、家具転倒、建物損壊、火災、津波、液状化、地盤災害など
気象災害	洪水、浸水、土砂災害、高潮、暴風、雪害、竜巻、落雷など
他の災害	火山噴火、原子力災害など
ライフライン	電気・ガス・上下水道の供給停止、道路・鉄道などの交通網や情報通信網の寸断

横浜市の子どもの施設へ災害時に施設を開放する意向を尋ねたところ、横浜保育室や家庭的保育に限ってみると4割が「開放しない」「開放できない」としたものの、全体で見ると約7割から「開放する」という回答がありました（図2）[10]。子育て支援事業の一環として、また、施設の認知度向上や、地域サービスを目的として日常的に施設を開放している施設もあります。余裕のある施設が、近所の他施設も支援しながら、地域の拠点として乳幼児と家族を支援する体制づくりが望まれます。

5．「まち保育」ができる地域は防災力が高い

乳幼児の災害対策を考える際、舞台を家庭や保育施

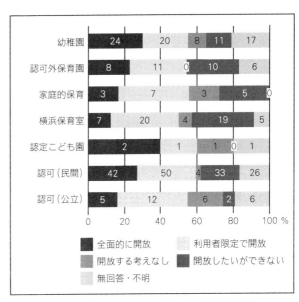

図2．災害時における施設開放の意向（横浜市）

写真1．まちでの防災訓練（シェイクアウト）　　写真2．地域の人と公園で実施したトイレ体験

設、避難所に限定せずに、まちでのさまざまな場面をイメージする必要があります。また、災害時にも支え合える人間関係を築いておく必要があります。とくに災害時は、通信網・交通網が途絶え、徒歩圏内の資源しか使えないことを忘れてはいけません。子どもたちが地域で育まれる「まち保育」の仕組みは、災害時の共助の基盤となるでしょう。

さらに、災害時に子どもを守るという観点に加えて、保護者が復旧要員として仕事に取り組み、復旧・復興を進める観点からも、子どもの施設の業務継続や子育て家庭を社会全体が支える仕組みが必要です。

東北で地震災害が発生した翌日、とある神社で女の子がお母さんの手にひかれてきたところに遭遇したことがあります。お母さんは「おじいさんに遊んでもらいなさい」と言って神社を離れました。おそらく家の片づけに戻ったのでしょう。数人の子どもが遊ぶ傍らで、おじいさんはただ佇んでいるだけでしたが、地域のつながりの中で、それぞれが役割を果たしながら淡々と復旧活動が進んでいました。きっと地震の前に「まち保育」が地域に根付いていたのだと思います。

日常生活の中で親子が近所の人と信頼関係を築いていれば、そして、子どもたちが集まる場があれば、大人たちは復旧活動に力を注ぐことができます。保育施設などもその候補ですが、大きな災害の直後は休園することも多く、ご近所同士の助け合いが欠かせません。いつも暮らしている場で日常的に交流している人と一緒なら、子どもたちも安心して過ごすことができるでしょう。また、親子だけで孤立感を募らせずにすむでしょう。「まち保育」ができる地域は防災力が高く、しなやかに災害に対応できるはずです。

1) 全国保育協議会：東日本大震災被災保育所の対応に学ぶ ～子どもたちを災害から守るための対応事例集～、2013年3月
2) 巻末文献リスト 学論4)
3) 経済産業省：保育施設のための防災ハンドブック、2012年度
4) 経済産業省：保育ママのための防災ハンドブック、2012年度
5) 経済産業省：ベビーシッター会社のための防災ハンドブック、2012年度
6) 高知県教育委員会：保育所・幼稚園等防災マニュアル作成の手引き〈地震・津波編〉～子どもたちの生命を守るために～、2012年4月
7) 静岡県健康福祉部子育て支援課：保育所における地震等防災マニュアル、2012年1月改訂
8) 文部科学省：学校防災マニュアル（地震・津波災害）作成の手引き、2012年3月
9) 全日本私立幼稚園連合会：園児を事故・災害から守る安全対策のてびき、2010年5月
10) 巻末文献リスト 学論4)

「孫育て」「たまご育て」で広げるまち保育の可能性

Section Point

- 地域には孫のためなら動くシニアがいる。
- 在園時の祖父母から「たまご（他孫）育て」を広げよう。
- シニアの持つスキルや地域ネットワークを活用して、まち保育をしよう。
- 子どもとシニアをつなぐことで、保護者もシニアとつながり、さらに地域とのつながりを深めることができる。

1．異世代の関わりが子どもを育む

　少子高齢化、核家族化の問題は、子どもたちの育ち、学びにも大きく影響しています。きょうだいが多く、親族も多かった時代は、子どもたちは家族や親族の中で人間関係や社会性を学ぶことができましたが、現在それはむずかしくなっています。

　ひとりっ子同士が結婚し、その夫婦から生まれた子どもはきょうだいを持つことはできても、いとこ、おじ、おばという親族を持つことはできません。それに加え地域のつながりは希薄化し、現代の子どもたちは社会に出る前に出会う、関わりのある大人の数が激減しています。過去にさかのぼり親族を増やすことができればいいのですが、それは不可能です。

　そこで、おじやおばの代役として着目したいのが「地域のシニア」です。これまで仕事一筋だった人が定年を迎えると、家庭や地域に戻ってきます。2013年の内閣府による市民の社会貢献に関する実態調査によると、ボランティア活動に関心がある（東日本大震災前と後）60代は57.5％と半数を超えています。しかし、実際にボランティア活動をしたことがあるのは32.9％に留まっています（図1）。

2．地域情報を持っていない保育者と保護者

　保育施設で働く保育者の多くは、別の地域に居住しています。また、利用者である保護者も共働きなうえ、結婚や出産を機に転入する人も多く、地域のつな

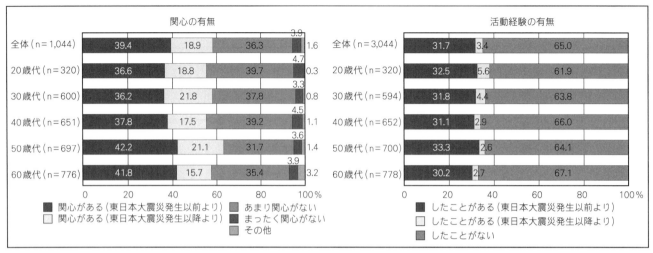

図1. 年齢別に見たボランティア活動に関する関心の有無（左）と年齢別にみたボランティア活動経験の有無（右）
出典：市民の社会貢献に関する実態調査（内閣府、2013年）

がりはほとんどなく、地域情報もあまり持っていません。おさんぽのルートや行き先の決定、保育施設の行事の協力を得るなど、長年その地域に住んでいるシニアたちとのつながりを持つことは、子どもたちだけでなく、保育施設、保護者にもメリットがあります。

3．自分の孫を契機に「たまご育て」を地域に

保育施設が地域シニアとのネットワークを持つことは、決して容易ではありませんが、糸口がまったくないわけでもありません。まずは在園児の祖父母の力を借りてみましょう。祖父母参観などをきっかけにしてもいいでしょう。シニアの中には、町内会・自治会や老人会などに関わっている人もいるかもしれません。畑がある、広い庭を持っている、大工仕事が得意、習字やお茶の先生という人もいるでしょう。

シニア世代に話を聞くと、「何か社会貢献をしたいと思っていても、どこで何をしたらいいのかわからない」「誰も知らないところでボランティアを始めるのはハードルが高い」という声をよく聞く一方で、孫の誕生をきっかけにボランティアを始める人もいます。孫は、シニア世代のいろいろなハードルを下げる効果があるようです。「孫が通っている保育園なら」「孫のためになるのなら」と手を挙げてくれるシニアがきっといるはずです。

一歩踏み出したシニアに子どもの現状を伝え、理解してもらい、自分の孫だけでなく、「他人の孫＝他孫（たまご）」にも関心を持ってもらいましょう。「たまご育て」が広がることで、保育施設全体の財産としての"公共じいちゃん"や"公共ばあちゃん"が増え、子

どもたちはより多くのシニアに出会う機会を得ることができます。

４．シニア世代の生きがい、健康につながる

子育て支援にたずさわっているシニアからは、子どもと関わることにより「元気をもらう」「生きがいになる」「楽しい」「若返る」という声が多く聞かれます。彼らの背景はさまざまですが、「子ども、孫は近くに住んでいない」「子どもはいるが結婚もしていないし、子どももいない」というシニアも少なくありません。

また、シニア世代の中には地域とのつながりが希薄な人もいます。頼る人が近所にいなくて心配。じつは、シニア世代も不安を抱えながら生活をしているのです。

５．シニア世代の知識、経験を生かす場を

保育施設の在園期間は最長だと６年にもなります。孫の入園をきっかけに、「たまご」に目を向けてもらえるシニアが増えれば、子どもたちとのつながりもかなり深まるでしょう。また、シニア世代は知識や経験も豊富なので、子どもの相手をする以外にもその力を生かせる「場」「モノ」「コト」があるはずです。

よく見受けられるのが保育施設の清掃や園庭の手入れ、イベントの手伝いなどですが、直接子どもたちの活動に関わらなくても、おすすめの公園・場所などの地域情報の提供や、その人の持つネットワークを紹介してもらうなどもいいでしょう。シニアとコミュニケーションを深める機会を作り、彼らが持っている体験やスキル、地域の財産である「モノ」「ヒト」「コト」（地財）などが活用できるようになれば保育活動も広がります。

園庭がない、あっても狭いという保育施設が増えることを考えると、公園も地域の保育施設同士での取り合いになりますので、それ以外にある地域資源の活用が保育活動のカギになると考えられます。実際に、夏に水遊びをする場所がなく、個人の庭を借りてプール遊びや土いじりをしたり、畑を借りて野菜を育てている保育施設もあります。「まちで子どもを育てる」視点を持ったシニアたちは、保育施設のおさんぽの時間帯に合わせて、家の前に出て声をかけたり、公園に自分も出かけるなどを積極的にしているシニアもいます。これはまさに「たまご育て」とも言える重要な子育て支援活動です。

６．保育施設での子どもとシニアとの
つながりから、保護者と地域をつなぐ

近年、居住地域とのつながりをほとんど持たない保護者が増えています。産休を取ってすぐに里帰りをし、産後１か月から長い場合は３か月を実家で過ごす。自宅に戻ったと思ったらすぐに職場復帰。買い物はネット購入や宅配を利用し、移動は車。保護者も子どもも地域の人と顔を合わせる機会がほとんどない場合も多いようです。

「子どもが生まれてはじめて地域に知り合いができ

写真．自宅の庭を地域に開放し、流しそうめんを行う（千葉県松戸市）

た」など、子育て世代の地域とのつながりは子どもの誕生がきっかけになりやすいものですが、今後、共働き世代が増えれば増えるほど、日中に子育て世代が地域にいる時間はますます少なくなり、地域のつながりはこれまで以上にむずかしくなることが予想されます。

保育施設での子どもと地域シニアとのつながりができれば、保育施設以外の場所、例えば送迎時のまちなかで、公園で、買い物中にも子どもたちとシニアとのコミュニケーションが生まれ、そこに保護者が加わる自然な流れが生まれます。保育施設での子どもと地域のシニア世代とのつながりは、保護者とシニア世代をつなぐハードルを低くすることもできるのです。

7．子どもたちの安心・安全をキーワードに

東日本大震災のように日中に災害が起きたら…。保護者は職場にいるので、地域にいるのはシニア世代、高齢者、自営業者、そして乳幼児とお母さん、または子どもたちです。一番体力がある10代後半〜50代はほぼ地域にはいません。

さらに子どもたちが保育施設を卒園し、小学校へ通うようになれば、子どもたちは大人の付き添いなしに登下校をするようになります。そのときに災害が発生したら…。まちとのつながりは途絶えることなく持っていきたいものです。

保護者たちは、子どもたちを守る、子どもたちのためにという意識が働くと、行動力が上がります。ふだんの近所づきあいは面倒ですが、子どもがひとりでいるときに災害に遭ったらどうなるかという意識を持ってもらうと、「シニア世代とのつながりも大切！」とスイッチが入りやすいようです。

8．助けられる人から助ける人へ

「たまご育て×まち保育」は、子どもとシニアの両者にメリットがあります。保育施設在園時から小学校卒業くらいまでの間は、子どもたちはシニア世代に見守られ、助けられることが多いですが、中学校入学後くらいからシニアと子どもたちの立場が逆転します。

在園期間中に積み重ねたつながりは、相手を思いやる、いたわる気持ちを育み、関わりをもったシニアの老いていく姿を自分の祖父母とはまた違った距離感で受け入れることができ、いざというときには助ける、役に立つ存在になることでしょう。

地域のシニアの力を活用した「たまご育て」を広げ、まち保育につなげていきましょう。

第Ⅱ章 ● まち保育をはじめよう

幼児期のまち保育から
学童期のまち遊びへ

Section Point

- ●「まち遊び」は、子どもたちに地域の多様な人との出会いや交流をもたらし、体験の機会を豊かにし、地域の中に居場所をつくる重要な行為。

- ●「まち遊び」や外遊びは、幼児期から学童期・思春期にかけて切れ目なくできるように、子どもの遊びに寛容な意識を持とう。

- ● 日本は子どもがひとりで歩くことができる安全なまち。世界でも数少ないこの環境を守っていこう。

1．小さい頃のまちの記憶

　郊外の団地で子ども時代を過ごした私は、文字通り暗くなるまで友だちと外で遊んでいました。広大な団地のあちこちで遊んでいて暗くなってくると「今日の遊びも終わりか」と残念な気持ちになりました。帰宅時間になると、母が窓辺にぬいぐるみを出して置いて、気になって見に行くと「ああ、出てる。帰らなきゃ」と思うわけです。窓辺のぬいぐるみが「帰って来なさい」の合図だったのです。

　缶蹴り、箱形ブランコでのごっこ遊び、ブランコの靴飛ばしや飛び降り、崖のぼり、自転車乗り、ザリガニ釣りの遠征、マンション地下の探検、長い階段でのグリコ、畳屋さんやバレエ教室の見学（！）、仮面ライダーチップスやベビースターラーメンを買いに行く駄菓子屋。自転車の乗り方や逆上がりを教えてくれたのは学年が上のおてんばな女の子。ザリガニ釣りはあまり話したこともなかった上級生の男の子がみんなを引き連れて行くのについて行きました。あとから、あとから、いろいろな情景がよみがえってきて、しあわせな気持ちになります。

　当時は、幼稚園に通うような年齢でも、子どもだけで列を作って、大人が付き添わないで30分ほどの距離を歩いて通園していた気がします。まちのあちこちは小さい頃から一度は通ったことがあり、抜け道や近道、回り道に精通した空間でもあり、毎日どこで遊ぶか、いくらでも選べる、まち全体が遊び場のような時代だったわけです。

こうしたまちで遊んだ記憶を今の子どもたちは大人になったときに思い出すことはできるのだろうかと、不安になることがあります。幼稚園・保育園時代はほとんどが車やバスでの送り迎え。通学路は決められ、遊んではいけない場所がたくさんあります。

　場所のことだけではありません。当時はケガやケンカはあたりまえ、遠くまで行き過ぎて帰りが遅くなる、変なおじさんに追っかけられる…。今考えるとさまざまな場面があったわけですが、子ども自身も大人もあまり重視していませんでした。何か出来事やちょっとした事件があっても、「遊び」は昨日の続きからいつも通り始まりました。

　それも、私が子育てをした2000年頃には、何か問題があったらそれはもう「大人が対処を考えるべきこと」になっていました。どんなに楽しいことでも大ごとになったらもうそれは続けられない、ということもしばしばでした。「昨日はうちで遊んだから、今日はお宅ね」「今日はならいごとがあるから○時までに帰って来なさい。○○は遠いから勝手に行ってはダメよ」などと言うお母さんもいて、子どもの遊びや遊ぶ場所や時間を大人が決めるようなことが当たり前になりつつありました。

　遊びは子どもの基本的な人権として認められています（国連子どもの権利条約第31条）。けれどもその他の権利に比べ、軽視されがちだと言われています。昔は意識しなくてもだれでも経験できた遊びですが、今は権利として保障しなければ機会を得られない子どもが増えているのです。勉学偏重な社会ではとくに遊びは排除されがちで、今日、その大切さをきちんと発信していく必要性は高まっています。

2．子どもたちの遊び環境の変化
―遊び場マップの作成と小学生の遊び場調査

　子どもたちの遊び環境が大きく変化したことを示すデータはいくつかありますが、視覚的な表現を用い

野良猫みたいに塀の上を歩く遊び。スリル満点！

空き地で水風船遊び

第Ⅱ章　まち保育をはじめよう

て、遊び場環境の変化を明示した「遊び場マップ」という手法があります。1980年代に日本で初めて、世代別の遊び場マップ（3世代遊び場マップ）が作成された地域で、私たちは2000年代の平成の子どもたちの遊び場マップ（4世代目のマップ）を作成したことがあります。子どもたちにヒヤリングして遊びや遊び場を教えてもらって、地図上に落とし込んでいきました。

平成版遊び場マップを通して、1980年代から指摘されていた子どもの遊び場の減少がさらに進んでいることがわかりました。古い世代の3枚の遊び場マップと平成版のマップを並べてみると、自然とのふれあい、まちのさまざまな他者との関わりを持てる空間が減り、子どもが当たり前のように遊びの中で得ていた体験とその積み重ねによって得られる経験もまた、どんどん減ってきてしまっていることが視覚的に理解でき、危機感を強めました。こうした「まち遊び」についてもっと調べてみようというというきっかけになりました。

その後、私は3つの地域のそれぞれ2か所の小学校でまち遊びの実態調査をしてきました。沖縄県那覇市、東京都世田谷区、町田市の3か所です。那覇市では、観光客が集まる中心街の小学校と住宅地の小学校。世田谷では密集した住宅街の中の2か所の小学校。町田では駅前の小学校と住宅地の小学校。地域の特徴は、遊び場にも影響していました。

例えば、商店街がそばにあれば子どもたちはそこを遊び場にします。また地域ごとに児童館、子どもセンター、公民館、プレーパーク（冒険遊び場）など、子どもが遊べる施設は異なっていました。親族が近隣に住むことが多い地域では祖父母の家が遊び場になります。しかしながら、それぞれの違いよりは、どの地域でもよく行く遊び場ベスト3は共通でした。「学校」「自宅・友だちの家」「公園」の3か所です。ようやくそのあとに地域の特徴的な場所が上がってくる、というのがまち遊びの場の実態でした（図1）。

まちで遊ぶ子どもには何か心理学的な特徴がないかという疑問から、心身健康度を測る尺度を養護の先生と共に作成し、質問紙の項目に加えて調査してみました。都心部の小学校での調査では「人と話したくないことがありますか？」という問いに対して、統計学的に有意に「いいえ」という回答が多くなりました

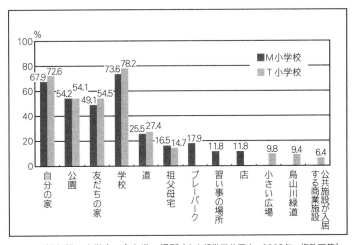

図1. 都心部の小学生の主な遊ぶ場所（東京都世田谷区内、2005年、複数回答）

表1．まち遊びの有無による心身状態に関する回答割合の比較

		全体							低学年							高学年						
		まち遊びの有無							まち遊びの有無							まち遊びの有無						
		なし	%	あり	%	合計	%	χ^2値	なし	%	あり	%	合計	%	χ^2値	なし	%	あり	%	合計	%	χ^2値
だるい	ない	44	42.3	158	44.0	202	43.6	0.10	28	49.1	101	54.6	129	53.3	0.52	16	34.0	57	32.8	73	33.0	0.03
	ある	60	57.7	201	56.0	261	56.4	ns	29	50.9	84	45.4	113	46.7	ns	31	66.0	117	67.2	148	67.0	ns
イライラ・大声	ない	37	35.6	156	43.5	193	41.7	2.06	24	42.1	81	43.8	105	43.4	0.05	13	27.7	75	43.1	88	39.8	3.68
	ある	67	64.4	203	56.5	270	58.3	ns	33	57.9	104	56.2	137	56.6	ns	34	72.3	99	56.9	133	60.2	p<0.1
心配事	ない	34	32.7	151	42.1	185	40.0	2.95	18	31.6	84	45.4	102	42.1	3.42	16	34.0	67	38.5	83	37.6	0.31
	ある	70	67.3	208	57.9	278	60.0	p<0.1	39	68.4	101	54.6	140	57.9	p<0.1	31	66.0	107	61.5	138	62.4	ns
腹痛	ない	43	41.3	149	41.5	192	41.5	0.00	25	43.9	83	44.9	108	44.6	0.02	18	38.3	66	37.9	84	38.0	0.00
	ある	61	58.7	210	58.5	271	58.5	ns	32	56.1	102	55.1	134	55.4	ns	29	61.7	108	62.1	137	62.0	ns
毎朝の排便	ない	22	21.2	104	29.0	126	27.2	2.49	14	24.6	52	28.1	66	27.3	0.28	8	17.0	52	29.9	60	27.1	3.10
	ある	82	78.8	255	71.0	337	72.8	ns	43	75.4	133	71.9	176	72.7	ns	39	83.0	122	70.1	161	72.9	p<0.1
人と話したくない	いいえ	37	35.6	187	52.1	224	48.4	8.8	24	42.1	104	56.2	128	52.9	3.48	13	27.7	83	47.7	96	43.4	6.05
	はい	67	64.4	172	47.9	239	51.6	p<0.01	33	57.9	81	43.8	114	47.1	p<0.1	34	72.3	91	52.3	125	56.6	p<0.05
朝食	ない	80	76.9	279	77.7	359	77.5	0.03	47	82.5	151	81.6	198	81.8	0.02	33	70.2	128	73.6	161	72.9	0.21
	ある	24	23.1	80	22.3	104	22.5	ns	10	17.5	34	18.4	44	18.2	ns	14	29.8	46	26.4	60	27.1	ns
合計		104	100.0	359	100.0	463	100.0		57	100.0	185	100.0	242	100.0		47	100.0	174	100.0	221	100.0	

※吉永真理、横山明子、木下 勇「まちでの遊びが子どもの生活リズムや心身健康状態に及ぼす影響に関する研究」を改変

（表1）。一方、体を動かして遊ぶ時間が長いと、就寝時刻の規則性、心身健康に関わる愁訴（しゅうそ）が減少する傾向も見られました。さらに生活体験（包丁を使ったことがある、国道をひとりで渡ったことがある、木登りをしたことがあるなど）の割合もまちで遊ぶ子どものほうが体験率が高いという結果になりました。

3．まちで遊ぶと何が起きる？

　小さいときからまちで遊ぶことに慣れていれば、自分で遊びまわれる年代になったとき、学校や自宅や公園以外の、そのまちの特徴のある環境で子どもたちは遊ぶことが可能になります。商店街や公民館、住宅街の路地や地域住民がつくり上げたポケットパークなどがまちの特徴的な遊び場ということになります。そこでは自分たちで編み出した遊びができ、またまちの人たちとの交流が生まれます。すなわち、まちで遊ぶことで体験機会が上昇して、さまざまな経験と知識を蓄積することができます。

　また子どもから若者までの発達過程において、リラックスして過ごせる学校や家庭以外の居場所を得ることもできます。さらに、主に小学校中学年から高学

年の男の子たち（ギャングエイジ）が秘密基地を共有したり、遊びの中で自分たちルールを共有できる、青年期以降の親友につながるような仲間づくりの基盤も築くことができるのです。あるいは保護者や先生以外の大人と話したり、交流する機会も得られます。そうした場や関係性を得ることで、暮らしの中で出会うストレスへの耐性やピンチのときに助けてくれるソーシャルサポート源（支援資源）を得ることができるのです。

4．まち遊びの重要性を広めよう

　子どもの姿はまちの中から急速に消えています。勉学の偏重や環境の変化が子どもたちのまち遊びの機会を奪っています。日本は子どもがひとりでまちを歩ける数少ない地域のひとつとされています。多くの国々では保護者やスクールバスの送迎で子どもたちは通学しますが、日本では多くの地域で子どもだけで徒歩で通学する姿が見られます。安全や安心といった環境の維持とともに、町内会・自治会で下校時のパトロールをするなど地域社会の人たちが支えている側面もあるからです。子どもの姿がまちから消えてしまうと、子どもの見守りの重要性が薄れないか心配になってしまうことがあります。

　まちのあちこちに子どもたちが居場所をつくり、探検し、人と出会い、五感で環境を感じて何かを掴み取るというまち遊びを守っていかなくてはなりません。「まち保育」を通じて、まちは楽しい遊び場である、

ということを未就学の時期から、さらには妊娠中の人たちにも浸透させていくことがまずは大切であると考えます。そして、子どもがまちで思う存分遊べる社会を実現するためには、子どもの遊びに寛容な意識を醸成することが必要です。

柿の木に登る。ひとつもらっちゃえ！

　保護者や先生など子どもに関わるすべての人に、また今まで子どもの遊びについて考えたことがなかったような人にまでターゲットを広げて、「まちで遊びたい！」「まちで遊ばせたい！」という気持ちを創り出すことが必要です。

参考文献
- 吉永真理、横山明子、木下 勇：まちでの遊びが子どもの生活リズムや心身健康状態に及ぼす影響に関する研究、学校保健研究51、p.183-192、2009年
- 吉永真理ほか：四世代遊び場マップができるまで—2005〜2008年まで4年間の遊びとまち研究会の軌跡—、住まい・まち学習10、p.79-82、2009年
- 吉永真理、鹿野晶子、野井真吾：幼児期の遊びによる行動調節力の発達過程と就学後の適応に及ぼす影響に関する研究」、第60回日本学校保健学会、2013年11月
- 吉永真理：地理的多様性が子どもの遊び行動・生活体験に及ぼす影響に関する研究—公共空間のあり方についての子どもの視点からの提言に向けて、福武学術文化振興財団、平成21年度「歴史学・地理学助成」報告書、2011年

第 III 章

まち保育実践

1

まち保育のしかけづくり

「保育施設×地域つながり力アップ・マップワークショップ」プロジェクトを始めるきっかけ

まちの課題を解決したい

　私たちは2007年から、保育施設と地域との関係に着目した調査研究を継続的に進めてきました[1]。最初は、子どもたちが集う「街区公園」に着目しながら、その場所が日常的に保育施設にどのように活用されているか、その実態把握が目的でした。

　しかし、調査を進めると保育施設と周辺環境との関係性や公園だけでないさまざまな地域資源を日頃から活用している様子が見えると同時に、周辺から孤立している施設があったり、待機児童対策として施設の種類、建物や施設の形態も多様化した社会的課題を保育施設が抱えている実態がわかってきました。

　大都市を中心に、一向に解消されないどころかますます増加する保育施設の待機児童問題や保育ニーズの多様化を受けて、商業地域や駅前に園庭を持たない保育施設が増加しています。これらの保育施設の多くは日常的にまちに出て、地元の公園などを園庭代わりに利用しています。まさに「まちは園庭」という視点です。

　加えて、私たちがこれら新設の保育施設への調査・ヒアリングを実施したところ、上記の実態とは裏腹に「近隣住民の人たちともっと交流や情報共有を深めたいけれどきっかけがない」「防災といった点で地域とのつながりは重要だが今はできていなくて不安」といった声が多く、地域住民との交流がほとんど行われていないということがわかってきました。

　とくに3.11の東日本大震災を機に多くの保育施設がその必要性を感じているようでしたが、近隣地域との関係構築の仕方がわからないといった声も多く、それは新設の保育施設ほど大きな課題となっていました。

つまり、子どもが生活の大半を過ごす保育施設は、地域の中では保育"事業者"であるとともに地域社会の構成員としての"住民"的側面も兼ねており、まちを最大限に活用しながらも、まちとつながっていく機会を求めています。そのような保育施設と地域住民をつなぐきっかけづくりも必要となっているという課題が浮かび上がってきたのです。

その課題に取り組むことこそが、保育施設にまち保育を"しかける"きっかけとなりました。

「おさんぽ」は使える

最初に、私たちは保育施設が独自に作成している「おさんぽマップ」という媒体に着目しました。おさんぽマップでは、子どもたちが安全・安心にまちを出歩けるように、目的地やルートを保育者同士で確認しながら作成し、この情報を元に保育の目的に応じてあちこち出かけているからです。

そこで、保育施設を中心に保育者や保護者といった保育施設の関係者とふだんあまり保育施設に縁のない近隣の多様な世代の住民たちとが一緒に、まちにあるさまざまな資源を点検・確認しながらフル活用していく「まち歩き」をして、それらを地図上にまとめて共有していく企画＝「保育施設×地域つながり力アップ・マップワークショップ」プロジェクトを思いつきました。子どもや保護者が参加して一緒に課題解決を考えるワークショップ（以下、WS）を考案し、実践するものです。

町内会や自治会、小学校が作成した「安全安心マップ」「遊び場マップ」などを目にすることがあると思います。保育施設が作成する「おさんぽマップ」も"身近な地域資源を地図上で把握する"といった点に共通性があります（32頁参照）。WSを通じて保育施設と近隣の人たちが把握している地域資源の情報を共有する過程で、両者がつながるきっかけづくりになるのではないか、うまく重ね合わせれば新しいまちの魅力や課題が見えてくるはずだ、と考えました。

実際にまち歩きWSを通じてまちで子どもを育てる環境づくりをしてきたこの約5年間の実践からは、乳幼児期の子どもを軸に、子どもとまちが双方に育ち合う様、両者の関係がより濃くなっていく波及効果を実感してきました。

さらに、保育施設と近隣の人たちがまったく異なる視点で地域を捉えていることについて、保育施設と地域が共に理解を深めると同時に、新たな魅力向上や地域課題の解決に一緒に取り組むきっかけにもなり、WSを通じて、新しい保育施設が地域に根ざすことに結実していくのではないかと考えました。そして、まち全体・地域みんなが"さりげなく"小さな子どもと関われるようなれること、つまり、子どもが「まちで育つ」ことであり、子どもを「まちが育てる」ことを期待しました。

次節からは具体的な実践事例とその効果について紹介します。

1）巻末文献リスト 報3）および報2）

2

まち保育の4つのステージへの気づきとさまざまな変化

多様な保育施設で実施

「保育施設×地域つながり力アップ・マップワークショップ」プロジェクトは、神奈川県横浜市青葉区の周囲の様相もまったく異なる2つの保育施設で2012年からスタートしました。横浜市青葉区は横浜市北部に位置し、東急電鉄沿線に郊外住宅が広がっています。

まず1つ目の保育施設が、横浜市青葉区市が尾町にある「横浜市認可保育所ピッピ保育園」。0歳から就学前の6歳までの子どもたちが通う、駅から600メートルほど離れた閑静な住宅街に位置する戸建て形式の保育施設です。

2つ目の保育施設が、同じ横浜市青葉区の中でも青葉台にある「パレット家庭的保育室なないろ」(2015年度NPO型家庭的保育事業から小規模保育事業へ移行)。主に3歳までの子どもが通う、定員8名程度の小規模保育施設で、駅から400メートルと近く駅前の商業エリアに隣接するマンションの一室にあります。

この2つの保育施設で行ってきたいくつかのWSを通して得られた「まち保育の4つのステージ」への気づきと変化を整理してみましょう。

戸建ての「横浜市認可保育所ピッピ保育園」
(2階はグループホーム)

マンションの一室にある
「パレット家庭的保育室なないろ」

第Ⅲ章　まち保育実践

視点１）まちで育てる　——同じまちでも違った視点で歩けば見つかる多様なアイテム

WS 1-1　おさんぽマップ点検 ＋ 発見ワークショップ
——おさんぽマップの「点検」で新しい「まちの資源」をゲットしよう

【目的】既存の「おさんぽマップ」を点検しながら歩く。

【方法】各保育施設の「おさんぽマップ」に記されたルートを、地図上に落とした当時の情報と現状を照らし合わせながら歩く。気づいたこと、新しい発見を書き留めておき、帰園後に模造紙にまとめ、共有する。

【所用時間】約2時間（事前説明10分＋まち歩き1～1.5時間＋振り返り30分）

【参加者】保育者、保護者。近隣の人や他の保育施設の人をも交えるとなおよい。

【効果】（1）古い情報を更新することができる（近隣の人も交えれば、より情報は充実する）。
（2）個別に知っていた情報をみんなで共有することができる。
（3）あまり目を向けられていなかった意外な地域資源の発見や立場による多様な捉え方に気づくことができる。

おさんぽマップ

2007年に横浜市の保育施設を対象に実施した調査で、「おさんぽマップ」と一言に言っても、いろいろな形態のものがあり、各保育施設でそれぞれに創意工夫がされていることを把握していました。なかには公園だけでなく、さまざまな場所・モノ・ヒト・コトの情報が記載されているものもあり、興味深いものでした。

子ども目線で新発見

ピッピ保育園では、3歳以上のクラスがあること、また園庭もあるがあまり広くないことから従来から地域内の公園の特徴を捉えて使い分ける形で、おさんぽに出かけていました。したがって、これまで作ってきた「おさんぽマップ」は、「地図」というよりも、公園を一覧として整理し、各々の公園の特徴をスクラップした「公園図鑑」のようなものでした。

一方、パレット家庭的保育室なないろは、調査当時はまだ開設して間もない時期でしたので、「おさんぽマップ」もかなり簡単なものでした。

そこで、まずはそれぞれの保育施設がふだん使っているおさんぽルートを、

①安全安心に関わること

②子どもがおもしろいと感じてくれそうなこと

③自然や人に関わること

上記3つの視点で検証しながら、まち歩きをしてみました。

参加者はいずれも保育者を中心に、保護者や地域の人たちに声をかけて実施しました。

駅前を少し離れると閑静な住宅街が広がる地域ですが、じつはそういった住宅街の中にもさまざまなおもしろいアイテムが散らばっていることがすぐにわかりました。例えば、個人宅の庭先や窓辺に置いているかわいい置物、季節を感じさせてくれる花や樹木などの植物、何気なく停めてある不思議な車、よく見ると模様が特徴的

なマンホールなど…。大人からしてみればただそこにあるものも、子どもの視点で見直すと、子どもたちがきっと気に入る「まちのアイテム」だと気がつきます。

このような発見をするには、「子ども目線」を意識してまちを歩くことがポイントです。子どもの目の高さでまちを見直すと、ふだんは気がつかない発見があったり、逆に大人には見えても子どもには見えないものがあることもあります。これは安全におさんぽを楽しむためにも大切なことです。

また、電車の音やパン屋さんのいいにおいなど、音やにおいの発見もありました。おさんぽを通じて、まちを五感で楽しめるようにもなることを実感しました。

この「おさんぽマップ点検＋発見WS」に取り組んだのがちょうど秋だったので、ブドウや金柑、柿、栗、紅葉、ススキ、ハロウィンの装飾など、季節を感じる発見が多く見られました。季節毎に点検＋発見WSを行うのもよいでしょう。

またこの日はあいにくの小雨でしたが中止にはせず、あえて実施しました。雨の中、子どもを連れて移動することもあり得るからです。まち歩き自体は、雨のせいで人通りがまばらで少し淋しいですが、晴れの日とまた違う景色の中で歩くことができ、新たな発見がたくさんありました。

WSの参加者の感想は、以下のとおりです。

≪保護者の声≫

● 毎日歩いている道でもマップづくりを意識することで新しい発見があると感じました。

≪地域の人の声≫

● 保育施設の子どもがおさんぽしているのをふだん見ていますが、まちをただ歩くことがおもしろいのか疑問でした。今日は一緒に歩いてみて、お店にも家々にもいろいろとおもしろいものがあるとわかりました。

● 橋の上や植木のある家、公園でお会いした方と子どもたちのおさんぽの話をしましたが、

第Ⅲ章 ● まち保育実践

みなさんが大きな関心を寄せてくださいました。きっとこれからのおさんぽに活きる「つながり」がいっぱいの新しいマップができあがるゾ！

≪保育者の声≫

● いつも行くおさんぽと違う道は、とても新鮮。コースを時々変えながら、園を知っている人を増やしたい。
● 初めて歩く場所では発見があり、「子どもたちがいたらこういうところは喜ぶかな」と考えながら点検することができ、楽しかった。
● 公園に行くという目的でなく、おさんぽ自体が目当てになることがわかりました。「秋のアイテム」を探して歩くこともできるかなと思いました。

77

WS 1-2 キッズカメラマンワークショップ
―インスタントカメラを活用して子ども目線の日常風景を切り取ろう

【目的】　子どもたちと一緒にまちを歩き、まちをもっとよく知る。
【方法】　新しい発見がないか、ゆっくりと探検しながら歩く。インスタントカメラを用意し、子どもたちに気になるものを撮ってもらう。
【所用時間】　約1.5時間（事前説明10分＋まち歩き30分～1時間＋振り返り10分）
【参加者】保育者、子どもたち。また、卒園児や近隣小学生を交えるのもよい。
【効果】　（1）ちょっとしたイベントのような機会になるので、ふだんと違った「おさんぽ」になる（カメラも使えて子どもたちは盛り上がる）。
　　　　（2）子どもたちがまちのどんなものに気を留めるのか、保育者たちは知ることができる。
　　　　（3）子どもたちが気になるものを「まちのとっておきアイテム」にして、保護者やまちの人などとも共有することができる。
　　　　（4）WSの後も、まちの中に「気になるもの」を発見するようになる。

　保育施設が地域とのつながりを考えるとき、保育者と地域とのつながりはもちろん、保育施設にいる子どもたちと地域との関係づくりがもっとも大切になります。

　そこで、子どもたちが地域とより深くつながっていくために、子どもたちが日頃、どのように活動しているか、どのように地域の資源を捉えているか、さらに地域の人たちと交流を深めるにはどうしたらいいかなどにポイントを絞って、まちの様子を見ていこうと考えました。

子どもたちは名カメラマン

　まずは、年長組の子どもたちと一緒に、実際にまち歩きに出てみました。まち歩きといってもふだんの「おさんぽ」をちょっと工夫するだけ。子どもたちにインスタントカメラ（撮影直後に自動で現像されるもの）を渡し、気になるものをカメラで撮影してもらいます。

　このWSは何度か行っていますが、1回目の「キッズカメラマンWS」は、まち歩きの範囲を比較的狭く設定しました。「ピッピ保育園」で実施した際は、保育施設から市が尾駅周辺の商店街にかけてのエリア（約500メートル）に限定し、新しいおさんぽルートと道中を楽しむことに重点を置きました。

第 Ⅲ 章　まち保育実践

これには2つの理由があります。1つは、ふだんのおさんぽよりも時間がかかることが想定されるので、範囲を狭くする必要があります。

もう1つは、どうしてもふだんのおさんぽが目的地と保育施設を行き来するための行為になりがちで、子どもたちもそういう認識でいるからです。歩きながらまちの中を探検し、さらに道中での発見を楽しんでもらうためには、「まち歩き」に慣れ親しんでもらう必要があるからです。

子どもたちにカメラを渡すと、道ばたに咲く小さな花や住宅街の中の花壇、さまざまな色の車、葉っぱにとまった虫、いろいろな形の葉っぱ、公園の入り口で見つけたドングリや木の実など、自分たちの好きなものをどんどん撮っていきます。さらに慣れてくると、カメラを置いて触ったりするなど、それぞれの発見を楽しんでいる様子でした。子どもの目線は低いので、足元の発見が多くあります。

とくにおもしろかったのは男の子と女の子で目の付けどころが違ったこと。たまたまかもしれませんが。男の子は車や電車など動くものに興味がある一方、女の子はお花など静的なものに注目していました。

共通して、電車の音やパンのにおいなどにも敏感で、WSを通して子どもたちは五感をフル活用しながらまちを歩くことを楽しんでいました。

≪保育者の声≫

● まち歩きをメインに、「ふだん生活しているまちを知る」という目的を加えて、おさんぽに出るのも楽しいなと思いました。

● 子どもたちはお花やおもしろい飾りを自分なりの視点で見つけていました。これからも楽しいさんぽになるようにアンテナを張って、いろいろなものを見つけていきたいです。

WS 1-3 防災まち歩きワークショップ
―乳幼児の安全安心目線でまち歩きをしよう

【目的】 "乳幼児の防災"の視点でまちを歩き、地域の防災力や保育施設で揃えるべきもの、できることなどを探る。

【方法】 地元の防災専門家（避難所運営委員、自主防災組織のメンバー、防災リーダーなど）に呼びかけ、現場や備蓄倉庫を見せてもらったり教えてもらったりしながら、参加者と一緒に自助・共助のことを理解する。

【所用時間】 約2時間（事前説明10分＋まち歩き1〜1.5時間＋振り返り30分）

【参加者】 保育者、保護者。地元の防災専門家を交えるとなおよい。慣れてくれば保育施設の子どもたちや地域の子育て家庭も一緒にできるようになる。

【効果】 （1）防災の観点で地域資源を見直すきっかけが生まれる。
（2）地域の人脈ネットワークがどんどん広がる。
（3）近隣地域には、乳幼児目線での防災対策を考えるきっかけとなる。

「防災」をテーマにしたWSは、保育施設だけでなく保護者やまちの人たちからも関心が高く、やってみたいという声をよく聞きます。地域の中には、消火栓や防災協力農地などの安全・安心アイテムだけでなく、海や川、崖の近くなど災害が発生しやすい場所や、落ちてきそうなもの・倒れてきそうなものなどの危険なものもあり、子どもの目線に立ったまち点検が必要です。

そこで、行政が指定している学校などの「指定避難所」までの道を確認する「防災まち歩きWS」を提案しています。これは、おさんぽでよく行く公園に向かう途中に地震が起こり、「一時避難場所」である公園にいったん避難し、その後、保育施設には戻らず、指定避難所である小学校へ移動する、という想定でのまち歩きです。

防災アイテムを探して

ピッピ保育園では、防災がテーマならば地域のキーパーソンもわかるし声かけしやすいということで、保育施設から約500メートル離れた指定避難所（横浜市では地域防災拠点）までの範囲で防災まち歩きWSを行いました。通常とおなじようにおさんぽをし、その道中で地震が発生するという設定にし、「シェイクアウト」という防災訓練も実施。

参加者は保育施設の目線（＝小さい子どもの目線）と防災の視点を持って、防火水槽などの防災ア

イテムの位置や落ちてきそうなもの・倒れてきそうなものなどの危険物をチェックしながらまちを点検して歩きました。事前に許可を取り、指定避難所である小学校にも入って状況確認をしました。

パレット家庭的保育室なないろでは、事前に自治会にお願いをしたことで、指定避難所にて自治会長による防災備蓄庫の説明を受ける企画が実現し、災害用地下給水タンクと防災備蓄倉庫についてのお話をいただきました。倉庫では、カセットボンベ式発電機の使い方を実際に見せてもらい、参加していた子どもから大人までとても興味津々。

一方で、万全そうに見える備蓄倉庫ですが、実際は紙おむつなどの乳幼児製品が不足していたり、食品アレルギー対応の備蓄がないなどの課題がありました。備蓄倉庫の備えは多様なニーズに応えられるほど万全ではないということを実感し、非常時の保育施設の役割について再考するきっかけにもなりました。

知らなかったことが続出

防災の視点からまちを注意深く見てみると、「駅前などにはたくさんの看板があり、落ちてきそうで怖い」「防災アイテムの看板は見つけたけれど、備蓄場所がどこなのかわからない」「商店街には"防災協力店"があることはわかったが、どのお店なのかわからなかった」「この土地は誰の土地なんだろう…わからない」など、声があがりました。同時に、「予想以上に住宅地に消火器や防火水槽などがあるのに気づいた」などの声や「ふだんは意識していないので、見過ごしてしまっていることがたくさんあった。毎日の防災意識が大切と思いました」という気づきの声も聞かれました。

その他、実際の災害が起こったときに想定される避難行動時の負荷を体験する内容や、避難リュックの中身を考える企画、実際に公園での非常食の実食体験なども実施するとよいでしょう。まちの協力を大きく得られるようになると、乳幼児向けの防災訓練や防災体験なども可能になります（82頁参照）。

子育て世帯とまちをつなげる

このように、自分たちでまちの安全安心について考えて動いてみる機会をつくることで、それに関わる地域のキーパーソン（自主防災組織のメンバーや消防団員、まちのパトロール隊）と関係ができ、乳幼児目線でのまちなかの安全安心について伝えたり共有したり、工夫を施していく行動にもつながります。地域にしてみれば、それまでは保育施設＝保育を必要とする家庭の子どもに保育を提供する場というイメージだったものが、それに加えて「地域に住む子育て家庭のための居場所」という捉え方もできること、さらに災害時には「福祉避難所」（56頁参照）」になり得るという新たな視点を地域のみんなで認識できるようになっていきます。地域の中での保育施設の新たな役割について、防災WSをきっかけに考えていきましょう。

コラム
おさんぽ時の休憩スポットと「一時避難場所」

指定避難所までの距離が遠い地域では、災害が起きたときに子どもと一緒に避難するのは大変で、指定避難所との間に一時的に避難する場所が必要です。

このようなニーズに応えるのが「一時避難場所」と呼ばれる場所です。一般的には、学校の校庭や公園が、町内会・自治会などによって指定された災害発生時に一時的に避難する場所のことを指します。横浜では「いっとき避難場所」として、地域によっては民地の空きスペース（駐車場など）を指定していることもあります。災害の状況によって、必ずしも自宅を離れる必要がない場合でも、近隣での安否確認や助け合いの場として位置づけられている地域もあります。

一時避難場所は、安全でかつある程度広くまとまった空間が求められるため、すでに指定されている一時避難場所を日頃の外遊びおさんぽの場所として活用する可能性は十分あります。また地域との関係づくりの過程で、さらに保育施設が日頃おさんぽの途中で休憩するような場所を一時避難場所に指定してもらうよう地元の防災専門家などに声掛けをしたりしていく可能性は十分あります。

ピッピ保育園では、いっとき避難場所になり得る場所を探すまち歩きWSも実施しました。

その成果を報告してほしいと、他地区の指定避難所の運営委員の方からの依頼を受け、ピッピ保育園の保育者が「防災・減災講座」に登壇しました。保育とは異なるテーマの集まりに保育者が登壇する機会はなかなかないことかと思いますが、地域との接点を持つ絶好の機会となりました。

防災や共助活動に関心が高くそれぞれの地域で実践もされている人たち約70名の前で「保育施設×地域つながり力(りょく)アップ・マップWS」プロジェクトの中の、とくに防災まち歩きWSを中心に活動内容について発表し、プロジェクトの背景や目的、意義を発信するとともに、今後、保育施設が「福祉避難所」としての役目を担うことができるのではないかということをも地域に投げかけることができました。聴講されていたのみなさんの関心も高く、保育施設がまちの防災活動の一端を担えることの新たな気づきなどのきっかけづくりの機会となりました。

≪参加者からの声≫
● もっと身近に考えて見守りたい。（70代・男性）
● インターネットでイベントなどの発信をすべき。（40代・男性）
● 保育施設が地域と子育て家庭をつなげる役割も担えるのでは。（50代・女性）
● 福祉避難所の考え方を初めて知った。（60代・男性）
● 地域の保育施設に地域防災活動への参画を勧めようと思う。（40代・男性）

第Ⅲ章 ● まち保育実践

視点２）まちで育つ ―いろいろルートでつなげば気づく新しい場所とモノ・ヒト・コト

WS 2　おさんぽマップ・バージョンアップ
―まちの新しい発見をつないで新しいルートをつくろう

【目的】　子どもたちに新たな発見や出会いの機会を提供する新しいおさんぽルートをつくる。

【方法】　WS1-1、WS1-2で集まった新スポットと新アイテムをつなぎ合わせて、おさんぽの新しいルートづくりをする。

【用意するもの】　地図、まちあるきワークショップで撮影した写真

【所用時間】　約２時間（事前説明10分＋ルートづくり１～1.5時間＋振り返り30分）

【参加者】保育者。近隣の人や他の保育施設の人も交えるのもよい。

【効果】　（１）WSで得られた情報をうまくつないでいくことで、新しくておもしろいルートができる。
（２）同じ目的地にも違うルートで行くことができたり、テーマ性のあるおさんぽルートができる。
（３）近隣地域の人には、新しいまちの楽しみ方を見直す情報源になる。

　まち歩きワークショップを何度か経験すると、そこで発見した「場所」や「モノ・ヒト・コト」をどうにか保育活動に活かせないかと思うようになります。見つけた木々の季節の変化を体験でき、出会った人ともさらに交流を深め、知り得た場所が「お気に入りの場所」になるように、ふだんのおさんぽルートの中にそのスポットを取り入れることもできるでしょう。日々のおさんぽルートの見直しです。

まちなかツアーコンダクター

　本書で紹介しているWSはすべて、どこのスポットで、何を見つけて、どんな気づきがあったかを記録しています。その記録を見ながら、子どもたちが日々楽しめる新しいおさんぽルートを、参加者５～６名が１グループになって考えるのです。

　まず今回のおさんぽルートのテーマを決め、ルートに入れたい「場所」や「モノ・ヒト・コト」な

どのアイテムを選びます。各アイテムが地域のどこにあるかを地図から探し、それらのスポットを線でつなぎ、おさんぽルートを描きます。

最後に、「新おさんぽルート」に素敵な名前を付けたら完成！

年齢や性別も考慮して

ピッピ保育園での新ルートづくりでは、各グループにまずはテーマを決めてもらい、ルートづくりに着手しました。「季節の変化を感じられること」に注目するグループ、「乗り物に出会えること」に注目するグループ、さらには「きのこ」に注目したグループまで、結果としてすべてのグループが異なるテーマでルートづくりに取り組みました。

グループではそれぞれがさまざまな意見を出し、保育者の感性や視点を入れながら、楽しくルートづくりに取り組みました。

いつものおさんぽルートでの子どもたちの様子を思い出しながら、年齢ごとに変化を持たせたり、五感を使うことを意識したりなど、バリエーションも生まれていました。

できあがった新しいルートは、他のグループとも意見交換をしながらさらに情報を付け加えるなどのブラッシュアップを行いました。

≪完成した新おさんぽルート≫
- 花も実もある散歩道
- わくわく乗り物ルート
- 季節知り隊～きのこに始まりきのこに終わるルート～
- 季節を感じる花の道
- 変な物ルート～オブジェ探し～
- 初夏の自然漫喫ルート

発見を活かして

新おさんぽルートづくりは、まず、これまでのおさんぽルートを見直し、さらに充実した内容のおさんぽができるように数多くのバラエティに富んだルートの作成を目指すものです。

加えて、「未就学の子どものおさんぽ」は小さな範囲の移動ではあるものの、発想を転換させ、ユーモアを加えることで、さまざまなテーマを設定することができ、子どもたちも多様な視点でまちを楽しむことにつながります。

第Ⅲ章　●　まち保育実践

視点3）まちが育てる　—まちの子どもへの関心を持つ人を育て、その輪を広げる

WS 3　み〜んな一緒にまち歩き
　　　　—新おさんぽルートの検証も兼ねて地域の人たちとまち歩きしよう

【目的】　地域の人たちと一緒のおさんぽに挑戦する。
【方法】　新しいおさんぽマップを手に、地域の人と歩いてみる。
【所用時間】　約1.5時間（事前説明10分＋まち歩き30分〜1時間＋振り返り10分）
【参加者】子どもたち、保育者、近隣の人。他の保育施設の人も交えるのもよい。
【効果】　（1）子どもたちにとっては、保育者以外の人とまちに出かけられる貴重
　　　　　　　な機会となる。
　　　　　（2）保育者たちは、近隣地域の人たちの持つまちの情報（素敵な場所や
　　　　　　　危険な場所）を教えてもらえる機会になる。
　　　　　（3）近隣地域の人に、子どもたちの関心やおさんぽ時の動き方を理解
　　　　　　　してもらえる。

おさんぽマップ点検＋発見WS（WS1-1）、キッズカメラマンWS（WS1-2）を通じて子どもたちが見つけた地域の「お気に入りポイント」は、地域にとっても「資源」となるまちのすばらしい情報でした。

しかし、日頃から地域の人たちとの交流はほとんどなければ、地域の人たちにそのことを伝える機会もありません。

そこで、保育施設と地域の「つながりの見える化」をテーマに、地域の人たちと共通意識を持てるような機会を作って、関係をより深めていくことを検討しました。

一緒にしたい気持ちを表す

ピッピ保育園では、まず事前に大人たちでおさんぽマップバージョンアップWS（WS2）を行い、「新おさんぽルート」を作成しました。

その後、「子どもたちのおさんぽに参加しませんか？」「違った目線でのまち歩きを楽しみませんか？」といったチラシを作り、時々おさんぽで出会って立ち話をする人、たまに保育ボランティアで来られる人などに、加入した町内会の回覧板なども利用して積極的にお誘いしました。

　実際にまちを歩く日には、3～5歳の子ども、地域の人たち、保育者や学生など総勢39名が参加しました。地域の人たちと子どもたちが手をつなぎながら、2チームに分かれて新おさんぽルートを歩き、子どもたちが興味を持って「これ見て！」と言ってきた「モノ」などを記録していきました。

　子どもたちは通り過ぎるバスや工事現場のショベルカーといった乗り物だけでなく、道路に落ちている赤い木の実や個人宅に植えられたキュウリやアジサイ、動物やキャラクターをかたどった置き物など、たくさんの「モノ」に興味を示していました。また、縁側に座っていた近所の人たちと笑顔で手を振り合うといった「ヒト」への注目も印象的でした。

　おさんぽの後には、参加した子どもと地域の人たちに、事前に用意しておいた「一緒におさんぽできて楽しかったよ」と書いたメッセージカードを手渡しました。

地域の人にも新しい発見を

　地域のみなさんとの交流の方法はたくさんありますが、実際に子どもと一緒にまちを歩くことで、子どもの毎日の生活や関心事に興味を持ってもらうことができます。また、自分のまちを「子どもの目線」に立って見つめ直す機会にもなります。もちろん、保育施設のふだんの活動の様子を地域の人たちに知ってもらうこともできると同時に、保育施設が地域の人たちの暮らしを知ることもできます。

　ピッピ保育園では、参加者の数名が、その後のおさんぽにも時々同行していただけるようになったそうです。

≪地域の人の声≫
● 子どもたちとの交流がうれしく、懐かしさを感じられた。
● 日々のおさんぽ活動に関して騒音に感じないか聞かれましたが、ふだんからまったく気にならず、むしろ元気をもらい、ほっとしています。
● 今回参加してみて、子どもからはエネルギーをもらえるなと思いました。子どもたちと一緒のおさんぽなど、今後もぜひ参加したい。
● もっとフラッと立ち寄って、子どもたちと気軽に遊べたらいいなと思うようになりました。
● 子どもは、大人が気づかずに通り過ぎてしまうことまでよく見ている。その様子を見られてよかった。
● 庭のお花や置き物などの子どもたちの興味や発見から、その家の人との交流につながるという場面を実際に立ち会うことができ、感動しました。

第Ⅲ章 ● まち保育実践

視点4）まちが育つ ―子どもと共に地域に浸透していく土壌づくり

WS 4 「ありがとうカード」大作戦ワークショップ
―子どもたちの「まちのお気に入り」を地域の人たちに伝えよう

【目的】 地域内でのつながりを「見える化」し、共通意識（まちで子どもを育てようという気持ち）を強くする。

【方法】 ①WS2を実施し、「お気に入りポイント」の写真を用意する。
② カードに写真を貼り付けて「ありがとうカード」を作成する。
③ 子どもたちから地域の人たちに「ありがとうカード」を直接渡す。

【所用時間】 約1.5時間（事前説明10分＋まち歩き30分～1時間＋振り返り10分）

【参加者】保育者、子どもたち

【効果】 （1）子どもたちが自分の地域を好きで楽しんでいる気持ちを、地域の人たちに直接伝えることができる。
（2）カードを贈ることで、関係を「見える化」できる。
（3）保育者にとっても、カードづくりは比較的やりやすい手法である。

これまで紹介したそれぞれのWSは、それらを組み合わせることによってより地域との関係を深め、そのつながりを目に見える形にしてくれます。

最後に紹介するのは、キッズカメラマンWS（WS1-2）で撮った写真を、記録として留めておくだけでなく、子どもたち自らが地域の人たちと交流するツールとして使うWSです。

写真を貼り付けてカードに

「お気に入りポイント」の写真を貼り付けてるカードを作ります。まず、WSの準備として、「ありがとうカード」の台紙を作っておきます。インスタントカメラの中でも例えば「チェキ」を使えば、台紙はハガキほどのサイズで十分。「わたしのお気に入りは○○○です！」と書ける欄を作り、その他のスペースには子どもたちが折り紙やスタンプ、スパンコールなどを自由に組み合わせて世界に一枚だけの素敵なカードを

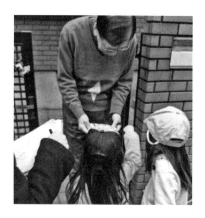

楽しく作れるように準備しておきます。

まちあるき当日は、キッズカメラマンWS（WS1-2）と同じ手法で進めます。子どもたちに通り沿いの「家」や「モノ」をよく見てもらい、「ここの写真が撮りたい！」という場所でインスタントカメラを渡します。撮影は子どもです。

子ども1人につき10枚ほど写真を撮り終えたら、保育施設に戻り、「ありがとうカード」を作成します。「ありがとう」というのは、自分たちの「お気に入り」をいつも整備してくれることへの感謝を示すものです。

この作業は、雨の日など部屋の中にいるようなときで、空いている時間を使ってできる、といった手軽さがあります。

カードを渡すまち歩きへ

そして最後に、作成した「ありがとうカード」を、感謝を伝えたい人に渡す「まち歩き」を実施します。

ピッピ保育園では、事前に所属している町内会の回覧板で町内に告知をし、「ありがとうカード」を配りに回りました。これまでもこの活動報告のニュースレターも回覧させてもらっていましたが、お宅によっては初めての訪問になったため緊張した面持ちの子どもと保育者…。しかし実際には、見事にその不安が払拭されるほど、すべての人に笑顔で受け取ってもらえる結果となりました。

≪地域の人の声≫
- 自分の家の花壇の手入れをするという何げない行為が、子どもたちのおさんぽを充実させることに関わっていたんだ、と新しい発見がありました。

≪保育者の声≫
- 近隣の方が自らの意思で保育施設と交流をしたり、別のイベント（読み聞かせなど）のボランティアとして参加する場面が出てくるようになりました。
- 子どもたちがそれぞれお気に入りを見つけ、自分で写真も撮れて、とっても満足そう。このWSを通して日々のおさんぽがもっと楽しくなりそうです。

子どもたちから発信する

保育施設からのお便りやイベントの広報などを積極的にしていても、子どもたちが地域の人たちに直接感謝の意を表し、直接つながることができる機会はなかなかありません。この「ありがとうカード」を媒体にし、つながりが目に見える形になれば、交流がさらに深まるでしょう。

また、地域にとって保育施設が大切な存在になっていくことも期待できます。

第 Ⅲ 章 ● まち保育実践

コラム

他の保育施設と一緒にワークショップをやってみよう

保育施設の保育者それぞれが把握している地域資源の情報を職場内で共有することはとても大切なことです。保育施設全体の力になります。それがある程度できたら、他の保育施設とも地域資源に関する情報などを共有し、地域で子どもが育つ環境を向上させることができればこのうえありません。

ピッピ保育園とパレット家庭的保育室なないろは、合同でおさんぽマップ点検＋発見WS（WS1-1）を開催しました。保育者同士で交流を図ると、似たような地域ながらも周辺環境が異なることに気づきました。「家の建て方が違うことに気づいたり、知らなかったお店や歩いていなかった道を知り、新しい発見があった」という声もあがりました。また、それぞれの保育施設が持つ地域資源を共有することでその違いを発見し、地域の魅力とともに自分たちの保育施設の課題を再発見する視点を養うことにもつながりました。

またこの2つの保育施設では、外部講師を招いて、「子連れ防災—子育て・孫育て×地域のつながり×防災」というタイトルの合同防災勉強会を開催しました。一般の子育て家庭や避難所運営委員などにも公開し、さまざまな立場の人たちが集まって、子どもの視点からの防災について話し合うことができました。

パレット家庭的保育室なないろには、そもそも近隣の保育施設と交流の企画がなかなかできないという小規模保育施設特有の悩みがありました。そこで、地域の人たちの関心も高く、子どもたちを預かるうえでも重要な「防災」をキーワードにして、防災まち歩きWS（WS1-3）を実施。近隣にある民間保育施設からも保育者の参加があり、「地域の保育施設同士の交流となり、いい機会だっ

た。同じ地域なのでもっと他の保育施設やさまざまな立場の人との交流となればいい。親子連れイベントなどの地域行事に、他の保育施設の保育者もお手伝いとして参加できたらすごくよい交流になると思う。これからも交流を続けたい」「今後は駅チカの保育施設が増えると思うので、保育施設の横のつながりや保育施設のあり方を考える機会を確保するのは重要だと思いました」などの声が聞かれました。

またピッピ保育園では、自園での地域の防災を学ぶ自主勉強会に近隣の認可保育所の園長先生に参加いただいたのをきっかけに、交流が始まりました。地域の子育て家庭や地元の避難所運営委員の参加や協力を得て、活動エリア内のある街区公園を拠点に、安全安心まち歩きWSと防災体験を実施することができました。

3

まち保育ワークショップの準備とノウハウ

これまで紹介した「保育施設×地域つながり力アップ・マップWS」は、どれも、保育施設の規模を問わず、それぞれに楽しみながら実施できるものです。どれから始めても構いません。やりやすいようにアレンジしていただいてもOKです。ぜひあなたの保育施設でも子どもたちと共に実践していただきたいと思います。

WSに先立って、いくつか準備しておくとよいものがあります。ポイントごとに紹介します。

| ポイント 1 | 保育施設×地域つながり力アップ・マップWS
必須アイテム　―地図、インスタントカメラ、付箋紙、模造紙 |

とにかく地図は必需品

まずもっとも大事なモノは地図です。私たちはゼンリンの住宅地図を使用しました。この地図の特徴は、番地や建物の名称のほか、バス停信号機、交差点名、一方通行といった道路交通情報も掲載されていることです。住宅の居住者名もあり、まち歩きの目印となるのでとても便利です。

【準備】基本の地図を入手しよう！
- 縮尺は1/1500がベスト。
- 範囲設定は拠点を中心にした行動圏域（「生活圏域」）。
- webからダウンロードできる地図も活用できる。
  ≪例≫Google mapやゼンリン住宅地図プリントサービスなど。

【情報収集】WSで必要な情報は？
あらかじめWSに必要になる情報を地図の中に書き込んでおこう。

- 自治体発行のマップ（子育て支援、防災マップ、ハザードマップなど）を入手し、基本の地図にその情報を書き写す。
- 自治体がwebで公開している情報もあるのでうまく活用する。≪例≫横浜市金沢区子育て支援情報（http://www.tokotoko-kanazawa.jp/map/index.asp）、横浜市行政地図情報提供システム（http://wwwm.city.yokohama.lg.jp/agreement.asp?dtp=6&adl=%2C6&npg=%2Findex%2Easp）

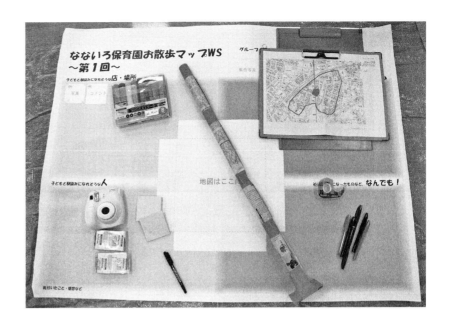

【その他】既存マップの収集

　地域の子育て支援組織や小学校、町内会・自治会などでもオリジナルのマップを作っていることがあります。例えば、小学校の総合学習やPTA活動などで作る「地域安全マップ」「通学路点検マップ」「子ども110番の家リスト」「ハザードマップ」、町内会などで作る「安全・安心マップ」「防災マップ」「要支援者マップ」、子育て支援拠点や子育てサークルなどが作る「子育てマップ」「赤ちゃんの駅マップ」（授乳やおむつ交換のできる場所が書き込まれている）など、多種多様な手作りマップです。

　これらの地図を入手するためには、各施設に問い合わせたり出向いたりする必要もありますが、直接、各関係の人たちから入手することで、自分たちのWSについて話すきっかけにもなります。近隣や行政との関係づくり、仲間づくりにもつながります。ぜひ楽しんで収集してください。そしてWSを通じてできた新しいマップも地域のみなさんにお届けして共有し合うのもよいと思います。

子どもも大人も楽しめるインスタントカメラ

　次にぜひ用意してほしいのはインスタントカメラです。まち歩きの際、気になるものを見つけたときに、参加者に撮影してもらうため重要アイテムです。

　日頃の保育活動ではデジタルカメラを使っているかもしれませんが、WSではデジカメではなく、撮影直後に自動で現像されるインスタントカメラを用意しましょう。

　例えば防災WSでは、道端の危

険な箇所や防災アイテムを見つけたらすぐにパシャッ！子ども目線で気になったものもパシャ！と気軽に撮影してもらいます。その場ですぐに写真が現像されて出てくるので便利です。インスタントカメラにも種類がありますが、WSの主たる参加者が例えば4〜5歳の子どもであれば、持ちやすいものがよいでしょう。参加者が楽しくシャッターを押すことができるよう、準備しましょう。

付箋紙・模造紙も忘れずに

その他、使用する物は以下。
- 名札＝ガムテープに名前を書いてもらって胸に貼り付けるか、もしくは大人であればネームホルダー。参加者同士に名前を知ってもらうため。
- 画板＝地図を見やすく挟んでおけて、まち歩きに便利。
- 付箋紙＝参加者にコメントを書いてもらうときに使う。振り返りで書く全体の感想ではなく、まち歩きをしながら発見したことをその都度記入するのに役立つ。1枚に1コメントを書いてもらうようにする。地域の人、保育者など誰が書いたのか付箋紙の色で分けるとあとで整理しやすい。
- 油性ペン＝付箋紙に記入するペンは、あとで共有するときに見やすいよう、マジックがよい。雨の中のまち歩きなど急に濡れることを考え油性のものを準備するのがおすすめ。
- 大きな紙＝まち歩き後に成果を共有するために、A0判（全紙）や模造紙などの大きい紙を準備します。グループごとに作っても、全体で作ってもいい。日付、WS名、参加者名を書き、付箋紙に書いておいた「気づいたことや感じたこと」などを貼り付けていきます。同じような内容があれば、近くに貼り付けたり、マジックで枠を書いて分類するなど、参加者がどのような感想を持ったか、何がポイントになりそうか、抽出できるようにします。
- 子どもの目線ガイド棒＝大人だけでWSをする際に、子ども目線でまちを再発見したいときに活躍する「棒」。作り方は、広げた新聞紙（約60センチ×約84センチ）の長辺を筒状に丸めて棒にします。片端に段ボール片を固定すれば、ちょうど4〜5歳児の目線の高さを再現できるカメラ台になります。

ポイント2　場所の決め方とWS実施の情報発信

開催の曜日や時間帯を工夫

今回紹介したWSは、基本的には保育施設の日常の活動を地域の人たちに知ってもらうことを目的としているため、ふだんからおさんぽを行う時間帯に設定することをお勧めします。平日の午前9時から給食の時間あたりまでです。

または、より多くの地域の人たちの参加をねらう場合や、近隣保育施設の職員も対象とする場合には、土日の午前中もしくは午後2時頃までの間で設定することも考えられます。他にも、地域の子育て家庭を対象とした場合は、通常の園のおさんぽ活動と地域の親子の活動時間が重なるよう平日の午前10時頃から正午までで設定したり、と参加してほしい人たちを想像しながら時間帯に配慮しましょう。

効果的な周知で呼び掛ける

参加を呼び掛ける広報はチラシを作成します。継続的に行われている活動を近隣地域に向けて周知しておくためです。私たちが実施したWSのチラシは、保育施設が入居するマンションの掲示板に貼ってもらったり、地域の子育て支援拠点などに置いてもらいました。とくに、ありがとうカード大作戦WS（WS4）では、子どもたちが地域の人たちに直接カードを手渡す内容なので、所属する町内会や自治会の回覧板を使わせてもらって事前告知とお願いをしたり、不在だった場合にポストに投函する手紙の作成などを行いました。

なお、会場は保育施設にすることをお勧めします。地域の会館でもできますが、保育施設に実際に来て見ていただくチャンスになります。

活動報告はニュースレターに

活動を周知するのに役に立つのが、速報的な情報発信媒体、いわゆるニュースレターです。私たちは『てくてくあおば@○○』と題して配布していました（写真）。A4サイズの1枚紙程度のものですが、表面にWSのねらいと当日の様子、裏面には写真と参加者や主催者のコメントを掲載し、最後にプロジェクト活動の主旨と今後の参加の呼びかけといったコンテンツになります。

WSのチラシを持って周囲に呼びかけをしたり挨拶に行く際には、このようなニュースレターがあると短時間の訪問で概要を伝えたり、不在時にも継続的に報告をすることに役立ちます。

ポイント3　その他、準備しておくとWSがもっと楽しくなるもの
―参加するメンバーを想像して自分たちも準備を楽しもう

　その他にも、参加者の気持ちになって必要な物を準備すれば、WSをさらにスムースに実施でき、楽しい時間を作ることができるでしょう。

- チーム編成表＝事前に参加者が決まっていれば、地域の人たち、保育者、専門家、学生（ボランティア）などが偏らずに混合するグループになるよう分けておきましょう。
- 主旨説明書＝参加者に向けて、WS実施の背景や目的、タイムテーブルが書かれた資料を用意します。これを使いながら参加者に説明を行うとわかりやすいです。
- スタッフマニュアル＝主旨説明書とは別に、受付係・記録係・司会などのWS運営スタッフ用に、それぞれの仕事内容が書かれたマニュアルがあると無駄なく進行できます。
- タイムテーブル＝スタッフマニュアルとは別に、それぞれの仕事の流れを分単位で書き出した表も作ります。集合時間から片づけ終了までの全体の流れに沿って、時間、担当、内容、配布物や使用物品、備考に分類して書き出しておくと進行がスムースになります。
- アンケート＝WS終了後、参加者に今日の全体的な感想を書いてもらうアンケート用紙を準備しておきましょう。気づいたことはどんなことでも書いていいことにしておくと、WS中に言い忘れたことや、全体には言いにくいことなども知ることができます。WSが良いものだったのか、あとで把握する材料にもなり、次回に活かせる資料にもなります。
- 記録係＝WS当日の様子を全体的に捉えて記録する係りを1名配置するとよいでしょう。夢中になってWSを楽しんでいる参加者の様子や、白熱するグループ議論の様子、集合写真などを意識して写真に撮ったり、メモを残しましょう。WSの実施報告（ニュースレター）にも使えるでしょうし、保育施設にとって大切な資料にもなります。

シールや折り紙があってもよい。マップに楽しく情報を書き込めるようにしたい。

第 Ⅳ 章

まち保育が都市に果たす役割

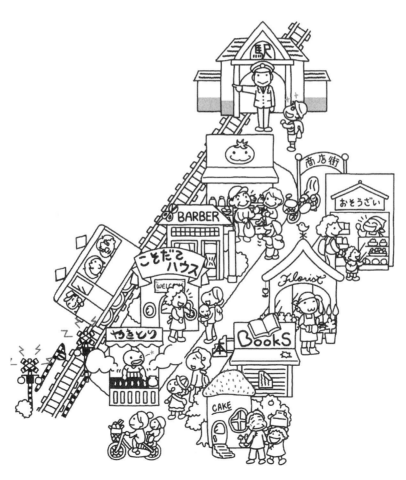

これまでの都市計画と現代の社会問題

まちで起きている諸問題とこれまでの都市計画

　少子化と超高齢化社会と呼ばれるようになって久しい昨今、「核家族化」や「孤族化」といった社会問題を耳にする機会は多いと思います。現代における社会問題の多くは、じつはこれまでの都市計画やまちづくりに影響されています。

　例えば、高度成長期には駅から離れたエリアに一定の広さの土地を開発してニュータウンがつくられました。ほぼ同世代の層がほぼ同時期に入居し、一時期は子どもがまちに溢れかえりました。しかしそれから50年ほどが経ち、その子ども世代も大人になり、より都市部（中心部）でより駅から近い別の場所に住むようになっています。若い層が流出し、ニュータウンには高齢者のみが暮らしています。買い物や通院に不便さを感じている人たちも少なくありません。このまま高齢化が進めば、空き家・空き地といった問題もさらに生み出されていくことでしょう。

　一方で、より利便性の高いところへ流出した子ども世代の住宅ニーズは、より市場性が高い駅前や埋め立て地の再開発エリアなどに集中しています。そこでは保育施設や学校の不足が課題となっています。とくに保育施設の不足には迅速な対応が求められています。これは現代社会において市場原理の下で行われている住宅供給に、ケアの仕組みが翻弄されている様子そのものです。

　また、副都心の開発などで新しい住民のみで構成されることになったエリアでは「町内会」や「自治会」

といった地縁型コミュニティが存在していないことが多く、防災面での不安が高まっています。

　他にも、再開発などの新しい住民が急に一気に流入することになったエリアでは、古くからのコミュニティとの調和が取りづらいといった課題も生まれています。例えば、公園などの公共空間の使い方ひとつについてもうまく調整ができず、古くからの住人たちの意見を中心にルールが決められてしまうこともあります。結果、地域の事情を新しい住民たちが知る機会もなく、また周辺に住み始めた子どもたちの声に耳を貸さないまま「禁止事項」だけが増えていき、公園が地域の財産としての憩いの場ではなくなってしまうといった事態にもつながっています。

　このように、現代における社会問題の多くは、これまでの都市計画やまちのつくられ方が大きく影響しているのです。

都市を計画すること

　『建築学用語事典』(日本建築学会編、1993年)では、「都市」とは「地域の社会的、経済的、政治的な中心となり、第二次・第三次産業を基盤として成立した人口、施設の集積地域。行政区上は郊外を含む場合も多い」と記されています。日本の都市の多くは、城壁などで囲われたヨーロッパの都市のように都市の範囲が明確ではなく、農村との境はあいまいで、拡大する過程で宅地と農地が混在するように成っている場所、また飛び地のようになっている場合もあります。

　そして、その「都市」をつくり維持していくための技術や仕組みを「都市計画」と呼んでいます。都市計画の仕組みは大くくりで言えば、国や自治体が税金を投じて公的な場所(道路や公園などのいわゆる都市施設)を公共事業として整備していくこと、民間などが自ら空間をつくるにあたって何らかの誘導や規制をしてコントロールしていくことの2点であり、現行の新都市計画法制定(1968年)から現在まで、これらを実行するために規制・緩和などの法整備を繰り返しながら、都市はつくられてきました。

まちづくりとは何か

　では、「まちづくり」とは「都市計画」と対比してどういう違いがあるのでしょうか。「まち」と聞くと急に生活感が増し、かなり地に足がついた範囲を指す印象を持つと思います。

　『まちづくり教科書第一巻(まちづくりの方法)』(日本建築学会編、2004年)では、「まちづくりとは、物的環境のみならず社会的環境を含め、教育や産業や伝統的歴史的なものをもとに、地域社会をベースに長い時間をかけてつくりあげる、という意味である」と記されています。

　日本において「まちづくり」は、1960年代の高度経済成長に起こった具体的な身近な居住環境が脅かされること(日照問題や騒音問題、空気汚染問題など)への抵抗運動が始まりとされています。それが、神戸市丸山地区での住民によるまちづくり協議会立ち上げ

の事例や同真野地区での密集市街地での防災まちづくり活動、豊中市庄内地区での住民懇談会による生活環境整備の立案と実行など、創発的な住民参加のコミュニティづくり活動へと発展を遂げていきました。

まちづくり活動は、まずはそのまちの範囲をくまなく歩き、見聞きしたりしながら、まちの課題や新しい価値の発見の共有から始めることが基本です。その過程で、そのまちのより多くの人たちを巻き込んでいくことが大事になります。それはまさに身近な居住エリアに対して、そこに住まう・集う人々がそこで起こっていることを自分事として捉え、改善に向けて一致団結してはたらきかけ、改善していく動きです。

ここでいう"そこに住まう・集う人々"というのが地域社会そのものを指します。そこには地域社会に属するそこに住まう・集う人々すべてが、物的環境や社会的環境をシェアしているという発想が根底にあるのです。

まちづくりをする人たち
＝まちをシェアする人たち

地域社会がまちづくりのベースとなるということは、まちをシェアしている地域社会こそがまちづくりにおける担い手なのだということになります。

具体的には誰がその担い手になるのでしょうか。

まちづくりの範囲は、都道府県単位ではなく、おおよそ地域社会の身近な居住エリアの範囲ということに

なります。市区町村単位だけでなく、住民自治コミュニティの単位として町内会・自治会や学校区といった狭い範囲で行われることもあります。もちろんその範囲は、その地域社会の関心や取り上げるテーマによって異なりますが、基本的には「地に足がついた範囲」、つまり自身の生活する範囲（行動圏域）になります。

また地域住民が主体となって災害時の共助力を高める場合や、地域福祉の拠点を中心とした地域包括ケアシステムが現場で対応する場合は、さらに別の範囲をひとつの単位として地域防災や福祉のまちづくりの計画が行われています。あるいは地域活動の拠点では、その集客圏がまちづくりの範囲とみなされ、明確な範囲を定めないこともあるでしょう。

しかし、まちをシェアする人たちの活動の主旨やテーマによって網羅する範囲が異なることなることもあり、これらを重ねて俯瞰してみるとそれぞれ重複することも多いものの、意識してないとうっかり見落としてしまう施設（組織）や範囲が出てくる可能性もあることを留意する必要があります。

参考文献
● 饗庭 伸：都市をたたむ、花伝社、2015年

2

保育・子育て支援と都市計画

今、待機児童対策として
まちで起きていること

　大家族や親族などの血縁関係を中心に地域社会の中で子どもを育てていた時代から、戦後の高度経済成長とともに核家族化が進み、共働き家庭が多くなるといった社会の変容は、とくに都市部における保育需要に多大な影響を与えました。利用する保育施設を選ぶ際に、実際には自宅周辺か職場へ向かう道中から駅周辺、もしくは職場周辺といった施設を選ぶ傾向があり、時間地理学という分野においてはこの状況を「就労と子育ての両立には時間的・空間的な制約が生じており、女性のライフスタイルの変化は結果的に居住地選択と保育施設探しへの翻弄を生んだ」と指摘しています[1]。

　そして、保育施策の待機児童対策から派生した社会問題として昨今話題にあがっているのが、保育施設をどこに建てるか、どのように建てるべきかを巡っての対応の課題です。迷惑施設として捉えられているような残念な風潮の中、たいへんむずかしいテーマになっています。

　2016年1月に発表された読売新聞の保育に関する全国主要都市への自治体調査報告によれば、例えば音の問題など保育施設に関する苦情を受けたことのある自治体が75％にもなっていること、また待機児童を解消するうえでの課題として保育士不足以外に、保育需要が予測できない、保育施設に適した土地が見つからないといった課題を訴える自治体が半数以上になっていることが報告されています。この根底には、急に増えた、あるいは増やす必要がでてきた保育施設が地

域にさまざまな波紋を及ぼすことへの対応が追いついてない、あるいは不十分であることが理由として挙げられます。

保育施策と都市計画施策

保育施策は国レベルで言えば厚生労働省、自治体レベルで言えば子ども家庭局、子ども青少年局、子ども未来局、あるいは健康福祉局などといった部署が管轄しています。しかし都市の中に保育施設を「つくる」といった点においては、建築局や都市計画局といったまちづくり系の部署とは決して無縁ではありません。

例えば、駅前を再開発したり、大規模住宅を建設する場合は、子育て世代の流入を想定して、住宅開発業者に保育施設も併設するように促すという施策が行われています[2]。また、待機児童が多いエリアに、いざ保育施設の立地を計画するとき、仮にその土地が都市計画上のルール上、用途や接道などの要件が揃っていないとなった場合、特別な審議にかけ、許可をもらい設置させる動きも出てきています。少なくともこれらは全体的にとにかく保育施設が足りない、あるいはこの辺りに早急に保育施設をつくらなくてはといったことへの対策で、保育施設を利用すると想定される世帯の直近の動きを予見した程度の動きにすぎません。

実際には、保育施策はどこなら設置できるか、といった視点だけでなく、自治体の総合計画や都市計画に照らし、都市計画マスタープランの中に位置づけて整備する必要もあり、そのための議論を進めている動きもあります。しかし、残念ながらその多くも、直近の子育て世帯流入が予想される大規模開発を前提に位置づけられているものがほとんどで、これから10年、20年先までのゆるやかな都市計画を進めるための「人口の偏在」と「人の行動圏域」をよく見越し、それに伴う都市空間の有り様をよく熟考した動きとは言い難いものになっています。つまり、現状のままいけばやはり保育施設が一定のエリアに集中し、偏在する、さらには将来的に保育施設が過剰になる可能性を生むことも否定できないのです。

したがって、例えば保育施設をどこにどうつくるべきかを事案化するうえで、子ども家庭局などの福祉部門だけでなく、都市計画部門の行政と関係事業者が一丸となり、都市計画のビジョンを見据え、明確なビジョンを持って、丁寧に検討するべきなのです。

その際、ただ一方的につくるのではなく、周辺の地域コミュニティと共に、まちづくりの視点を持って、両者がwin-winとなるつくり込みがされるべきだと思います。なぜなら、まちの主役はまちの住民で、新しくつくられることになる保育施設もまちをシェアする一員として仲間入りすることになるからです。

保育・子育て支援と都市計画は
両輪で進める

では、子育て支援施策においては、都市づくりの観点がどう組み込まれているのでしょうか。

1990年に1.57ショックと呼ばれる戦後最低の合計

特殊出生率が示され、出産・子育てが社会的関心事になりました。当初は保育サービスの拡充により、仕事と子育ての両立支援をすることで出生率の回復を目指す少子化対策が進められましたが、2000年頃から、母親の仕事の有無にかかわらず、すべての子どもと子育て家庭を対象とし、"地域の中で"子育てをする家庭への総合的な子育て支援対策への転換が図られ、2003年に子育て支援事業が「児童福祉法」に位置づけられました。この頃から、子育て支援施策において、地域やまち、住環境の視点が登場するようになってきますが、それは「次世代育成支援対策推進法」（2003年）が施行されて以来のここ10数年の動きになります。

　例えば、東京都町田市では「町田市次世代育成支援対策推進行動計画」として2004年に「町田市子どもマスタープラン」が策定されましたが、その基本理念では「子どもが自分らしく安心して暮らせるまちをみんなで創り出す」と表現されました。また2006年に「高齢者、障害者などの移動等の円滑化の促進に関する法律」（バリアフリー新法）が策定され、子ども連れでの外出に必要な整備として、ベビーカーによる公共交通機関での移動や授乳室をまちの中にも整備する動きもあります。

　1990年代から継続的に行われてきた少子化対策は、さまざまな会議における検討を経て、社会全体で子育てを支えるとともに、「ワークライフバランス」の実現を目指す仕組みを検討する方向へと動き出しました。

それが、すべての子ども・子育て家庭を対象とする「子ども・子育て支援新制度」（2015年）に結びつきました。新制度では、内閣府に「子ども・子育て会議」を設置し（2013年〜）、検討を進めてきました。「子ども・子育て会議」には、子育てを支援する側だけではなく、子育ての当事者が課題意識を共有し、当事者の意見を反映していくために、子育て当事者の参画を求めています。多くの自治体でも、「地方版子ども・子育て会議」を通して子育て当事者（とくに団体）の意見を収集し、当事者自身が解決のために取り組むような参画の機会を積極的につくる動きを進めてきました。

　このように子育て支援施策の動きを概観すると、それまでは子育ては個人や家庭の私的な責任の範囲によって行うものとされてきたことが、都市や社会といった公的な領域で行うものとなってきたことがわかります。また、その対象は子どもに関する施策としての保育や教育に限られることなく、ようやく子育て支援という福祉行政の分野と、都市計画・まちづくり行政の分野の両輪で推し進めるべき段階になってきた、と捉えることができます[3]。

都市の計画づくりに欠かせない
さまざまな圏域

　これまでの都市計画・まちづくりは都市に流入する人口をコントロールするために、開発するエリア（市

街化区域）と開発を控えるエリア（市街化調整区域）といった土地利用の規制や、例えば静かで整然とした住宅街では商業・業務施設などの生活利便のための施設の整備を一部規制するなど土地利用の用途によって建てられる建物を制限するといった都市計画制度でした。ミクロな範囲での地域ごとに異なる高齢化や少子化といった課題が生じることは予想もされず、とくに高度経済成長期から都市部においては、夫婦共働きを前提としない新しい住宅供給の形として、働くエリアと住むエリアを分けて計画する、すなわち職住分離を進めるような都市づくりが行われてきました。

職住分離を進める都市づくりの"住"の側の立役者が、1960年代後半に台頭してきた都市郊外のニュータウン計画です。日本におけるニュータウン計画は、アメリカの社会学者で都市プランナーのC.A.ペリーが唱えた、幹線道路で囲まれた約64ha（半径約400メートル）、人口は5,000～6,000人程度を近隣住区として計画する「近隣住区論」がモデルとなっています。日本のニュータウン計画では、小学校をコミュニティの中心と位置づけ、その公立小学校を中心に住宅地が計画され小学校区を一つの住民コミュニティとして形成するイメージで描かれています。

さらに旧自治省による1971年からの3次にわたるコミュニティ政策においても、"小学校区"を住民自治のためのコミュニティエリアと想定してきた経緯があります[4]。地域福祉の拠点整備といった観点からの地域包括支援センターなどの設置も、人口2万5千人程度が網羅されることになる中学校区を日常生活範囲と設定したり、都市部では公民館や地区センターなどコミュニティの拠点となる施設も、おおよそ小学校区に1つ、中学校区に1つ、といった単位で配置整備目標を掲げることが少なくありません。住民に公平性をもって公的サービスを提供し、網羅する範囲を想定し、都市経営としての需要と供給のバランスを図るうえでは当然でしょう。

ところが、現在、その中には保育施設を代表とする就学前の乳幼児のための施設などの配置計画はほとんど視野に入っていません。あったとしても子育て支援施設やひろばを代表とする親子での居場所などの拠点整備についても中学校区に1つ設置することが目標といったように、漠然とした圏域設定で、かつ後述する乳幼児期の親子の行動圏とはかけ離れた設定になっているのです。これは大いに見直す必要があります。

「まちでの子どもの育ち」を主軸にした
計画づくりを

子どもがまちでどのように育っていくかということを軸に都市の計画づくりをする。そのためには子どもの生活圏を想定することは欠かせません。

これまでにも子どもたちの生活圏に注目した提案をしてきた研究者がいます。高度経済成長期の代表的なニュータウンと言われる、千里ニュータウンの基本計画を担当していた東京大学の吉武泰水さんは、当時の4～5歳児の就園率の高まりを考慮しながら、人口規模と学校の適正規模だけでなく、幼児から学童期の

細かな成長と生活圏、行動について緻密なシミュレーションを行って予測し、その結果をもとに計画を立案。それは、千里ニュータウン内の教育施設を小学高学年本校（3年生以上）と低学分校（2年生以下）に分割させ、後者に幼稚園（3歳以上）を併設して幼低学校（分校）とし、本校1校に対して分校2校を配置するといった画期的な提案となっていました[5]。

また1997年以降共働き家庭は増加傾向にあり[6]、そのための働く場所と住む場所が近い職住近接の実現や、親世代との同居ではなく、俗に言う"スープの冷めない距離"で近くに住み合う「近居」へのニーズも高まってきています[7]。近年では日本女子大の定行まり子さんは既往論文において「小学校区に代わって、両親や乳幼児の立場にたった家庭を支援する"乳幼児生活圏"の考え方でその環境整備を中心とするまちづくりの実施が必要」とも指摘しています[8]。

つまり、働き方の多様化も踏まえ、「住む―働く―暮らす」が実現され、さらに「福祉の初期サポート」を得る、といった行動実態から日常的生活圏を想定する視点をまず持つことが大切です。そして、「住む―働く―暮らす―福祉」の場が"戦略的"に整備または再配置され、さらにはその場所と地域との関わりを強化するためのコミュニティづくりをしかけることが必要なのです。

1）宮澤 仁：ジェンダーと都市空間、グローバル化時代の人文地理学、小林 茂、宮澤 仁 編著、NHK出版、p.201-215、2013年3月
2）横浜市の場合では、多様な市民ニーズや国などの動向を含む社会経済情勢の変化に対応した住宅政策を推進する住生活基本計画策定のための審議会（住宅政策審議会）において「子育て世帯が安心して結婚や子育てができる住まいを選択して確保でき、地域の中で安心して子育てができる住環境の実現」として、子育て応援マンションなどによる子育て支援施設の立地誘導や、多世代・地域交流型住宅の普及促進の整備目標などが議論されている。
3）例えば公益社団法人日本都市計画学会では「まちづくりにおいても子育ての視点はますますその重要性を増しており、子育てにやさしいまちづくりを実現することは、今後の都市計画の重要な責務と思われる」として、都市計画305号（vol.62, No.5）特集・子育てとまちづくり（2013年10月）を刊行し、様々な分野からの論考がなされている。巻末文献リスト 学論15）
4）旧自治省（現総務省）は1970年「コミュニティ（近隣社会）に関する対策要綱」（自治体施策先導のための指針としての位置づけ）を策定した。この要綱により国や各地方公共団体において、さまざまな地域コミュニティに関する取り組みが進められることになるが、取り組みとしては、まず快適で安全な生活環境のもとで、健康で文化的な生活を営むために、近隣社会の生活環境の整備を図るため、全国でおおむね小学校区を範囲とする地区を指定し、主に組織づくりや施設（コミュニティセンターなど）の建設が重点的に実施された。ハード面での整備においては一定の成果が見られたと言われている。横道清孝：日本における最近のコミュニティ政策、（財）自治体国際化協会、政策研究大学院大学比較地方自治研究センター、2009年
5）この計画提案は「計画団地の教育施設網の計画」（吉武泰水、檜山吉平、日下あこ、谷村秀彦、日本建築学会論文報告集第69号、p.385-388、日本建築学会、1961年10月）や、「建築設計計画研究拾遺Ⅱ」（吉武泰水、古武泰水先生を偲ぶ会・世話人、2004年）で示されている。当時の大阪府当局からは子どもの成長や体力を鑑みれば、また制度上、経営上、運営上、教育上、そして施設計画上も高く評価され実施の運びとなったが、残念ながら義務教育施設としての制度上の難点が克服できず実現には至らなかった、との記載がある。
6）内閣府：平成27年度男女共同参画社会の形成の状況及び平成28年度男女共同参画社会の形成の促進施策（平成28年版男女共同参画白書）、概要、2016年6月
7）大月敏雄編著：近居―少子高齢社会の住まい・地域再生にどう活かすか（住総研住まい読本）、学芸出版社、2014年3月
8）定行まり子：子育ち支援からみた都市計画・まちづくりへの期待（特集 都市計画制度の見直しに向けて）-（今日的な政策課題から見た都市計画制度について）、新都市 65(2)、都市計画協会、p.93-97、2011年

3

子どもの成長とまちの関係

子どもはどこで成長するのか

　子どもが成長する場は家庭の中だけではありません。保育施設や公園など日々の生活、暮らしにいろいろな場を行き来し、利用して成長していきます。

　それらの基盤にあるのがまちです。まちと子どもの成長は、じつは双方とも切っても切り離せません。そして子どもに限らず、人の暮らしには「範囲」があります。これが「日常生活圏域」です。その範囲を知り、意識することはまちづくりにおいてはとても重要です。

まちで成長するための子どもの生活圏域

　それでは、乳幼児期から直接、まちと向き合える関係で育まれ、育っていくためには、「日常生活圏域」の範囲をどれくらいに設定するのが妥当なものでしょうか。

　じつはひとくくりで「就学前の乳幼児期」といっても、この時期の子どもは数か月単位で発達と行動圏が変化するため、規定がたいへんむずかしいところです。そして子どもの発達は、子どもに関わる大人（保護者や保育者）の行動圏にも大きく左右されます。

　これまで私たちが複数の都市で行った0歳から3歳児を対象にした乳幼児期の子どもと保護者の外出に関する調査からは、ほぼ共通して以下のような、乳幼児期の子どもを持つ親子特有の行動実態、その行動圏域と指向が把握されています（2003年度三鷹市、2013年度横浜市青葉区・西区・金沢区、2016年度横須賀市で実施）[9]。

発達に伴った移動に関するさまざまな変化

　乳幼児期の親子の行動は、おおよそ０歳から３歳児頃までの間に、子どもの運動機能の発達（すなわち、寝る→ハイハイ→つたい歩き→フラフラ歩き→しっかり歩き）に寄り沿いながら、移動手段もだっこ紐で移動→ベビーカーに乗車して移動→ベビーカーに捕まって歩き移動→ベビーカーは疲れて寝たときのみで基本的には自分で歩いて移動→ベビーカーは使わずに移動、といったように数か月で刻々と変わります。子どもの成長に伴って細かく変化している様子が見られます。

　また、乳幼児期の親子の主な外出先として挙げられているのは、１歳半未満は商業施設（商店街やスーパーや大型ショッピングセンターなど）、１歳半以上は近所の公園（児童遊園や街区公園など）が突出していました。前者は買い物で、大人の必然的な目的のある場所、後者は子どもの外遊びのために行く場所であることは一目瞭然です。しかし、発達に伴う移動の変化を重ねて考えると、前者の１歳半未満の場合は保護者のペースで行きやすい場所として、もしくは時間をかけてでも行く場所として捉えることができます。また、後者の１歳半以上の外出先については、子どもの体力と子どもがぐずらない程度の時間内に到着できる場所であることが想像できます。

　つまり、乳幼児期の親子の外出先は制限のある中で考えられているという実態と、数か月で刻々と変わる子どもの成長に合わせて移動手段と時間で行く場所を選択している様子がわかります。

外出先を選択する理由としての「身近さ圏」

　調査では、なぜその場所に行くのかといった場所への評価（主な外出先の選択基準）についても明らかにしています。それと外出場所の関係を表したのが図１になります。

　外出先を選ぶ際には、近いから行く場所、遠くても行く場所というのが存在していますが、この図で見ると「近い」ということを評価して出かけている場所は、児童公園から街区公園・近隣公園あたりまでであり、平均して徒歩でおおよそ５〜８分程度の時間距離です。これを子ども連れでゆっくり歩行する速度として分速約60メートルで空間距離に換算した場合（一般的な人の歩行速度と言われている時速４キロメートルを元に算出）、おおよそ300〜500メートルになります。この圏域こそが乳幼児期の外出における日常的な生活圏域（＝身近さ圏）と言えるでしょう。

子どもを真ん中にしてまちで育てるために適正な最小単位＝乳幼児生活圏域

　乳幼児期から気軽に外出できる範囲は、まちの人たちと顔が見える関係で育てられ・育っていくための「乳幼児生活圏域」として捉えることができます。そして、この「身近さ圏」は、前節で触れた東京大学の吉武泰水さんによる千里ニュータウン計画の「幼低学

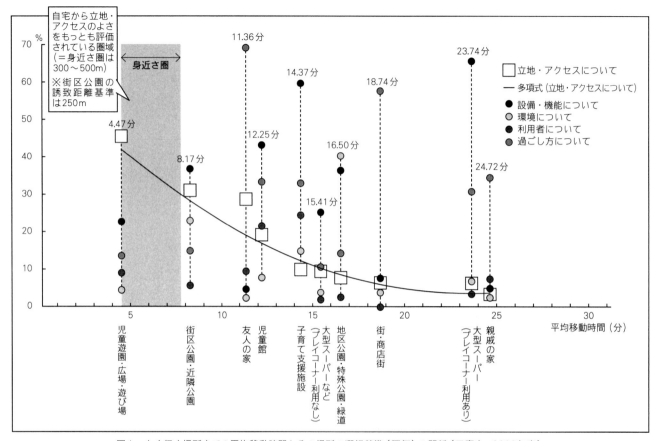

図1. よく行く場所までの平均移動時間とその場所の選択基準（評価）の関係（三鷹市、2003年度）

校」の適正通学距離300〜400メートルともほぼ合致しています[10]。乳幼児期からの子どもの成長にも即しつつ、まちにあるさまざまな資源（場所、ヒト・モノ・コト）を活用し、子どもを育て、親子や親族関係だけに閉じず、まちの中にあるたくさんの人、場所、出来事との出会いをつないで関係を広げていく最小単位がこの圏域とも言えるのではないでしょうか。

この「乳幼児生活圏域」は、子どもを真ん中にしてまちで育てるための適正範囲として、今後の都市計画施策やまちのビジョンづくりにおいて設定・導入してほしいと考えます。

9）巻末文献リスト 報4）、学論1）、学論2）、学論11）、学論33）
10）吉武泰水、檜山吉平、日下あこ、谷村秀彦：計画団地の教育施設網の計画、日本建築学会論文報告集、第69号、p.385-388、日本建築学会、1961年10月

4

保育施設がまちを活性化する

都市計画の分野でも発想の転換を

　子育て世代に選択されるまちとなるためには、心地よい「住まい」をつくるだけではダメで、まちの中に「多様な働き方や働く場」や「預かりの場」がバランスよく充足されていることが求められます。そのためには住居・雇用・福祉が従来のタテ割で実施された施策を総合的・有機的に進める必要があります。つまり、保育施設や幼稚園といった直接的に乳幼児期の子どもや親子が集う施設だけでなく、間接的にも子育てに関連しそうな場所や人などの資源をどう活用できるかを考慮する。そして、地域全体が子どもと子育てにやさしいまちであるかどうかというまなざしを持って、都市計画やまちづくりを進めなければ、まちの未来はありません。

　もちろん、「住まい」「多様な働き方や働く場」「預かりの場」の質の向上も不可欠で、そこになんらか他者とのつながりが心地よい程度にあることが求められるようです。実際に私たちが2014年度に横浜市で行った子育て世代への調査では、近くに相談できる人がいたり、適度に声を掛け合うようなまちとの関わりと定住指向には相関性がありそうだ、との結果が出ています[11]。

　それはすなわち、子どもを真ん中に育てられるまちへと転身させる具体的なアクションが取られることを、次の世代がまちに対して期待していることを示唆するものでしょう。

　保育施設は昔とは異なり、共働き家庭の多い現代においては、子どもが育つために不可欠な施設であると、事業者だけでなく、住民や都市計画にたずさわる

者が理解することが必要です。そして、その保育施設が住民的側面を持ってまちに根付いくように、行政がフォローする仕組みも計画やビジョンの中で位置づけられることが求められます。

今後、都市計画・まちづくりは、「子どもと保護者ら家族でまちに関わりを持てることを想定したコンパクトな職住近接型の住環境整備」と「乳幼児期からまちの多様な場の中で育まれ、育っていくためのしかけ」の両方を総合政策として本気で検討・実施する段階にあると言えます。保育施設はそのいずれにとっても重要な核となり得る施設なのです。

保育施設を核としたまちづくりへ

一方で保育施設側には、自分たちが子どもと保護者の暮らしを支え地域とつなげる、まちの重要な施設である、という強い自覚を持ってもらうことも必要です。「保育の場」「子育て当事者への支援の場」の機能を果たすだけでは、まち全体への変化にはつながりません。

保育施設には乳幼児が毎日集い、おさんぽなどの保育活動を通して、日々、まちとの接点を持っています。そこに集う子どもたちが保育者と共に出歩く日常的な生活圏域は、前節で説明した乳幼児生活圏域そのものです（図2）。この保育施設の生活圏域は小さな範囲かもしれませんが、子どもたちがまちと関わる最初のステージです。この小さな範囲での最初の活動が、まちと子どもとの結びつきを左右する大事な一歩となるのです。保育施設はそのための仲介役と言えます。

子どもたちがまちのあちこちで、さまざまな人とふれあいながら、"まちの子ども"として生活でき、自分が暮らすまちにお気に入りの場所がたくさんあり、共有する仲間、見守る第三

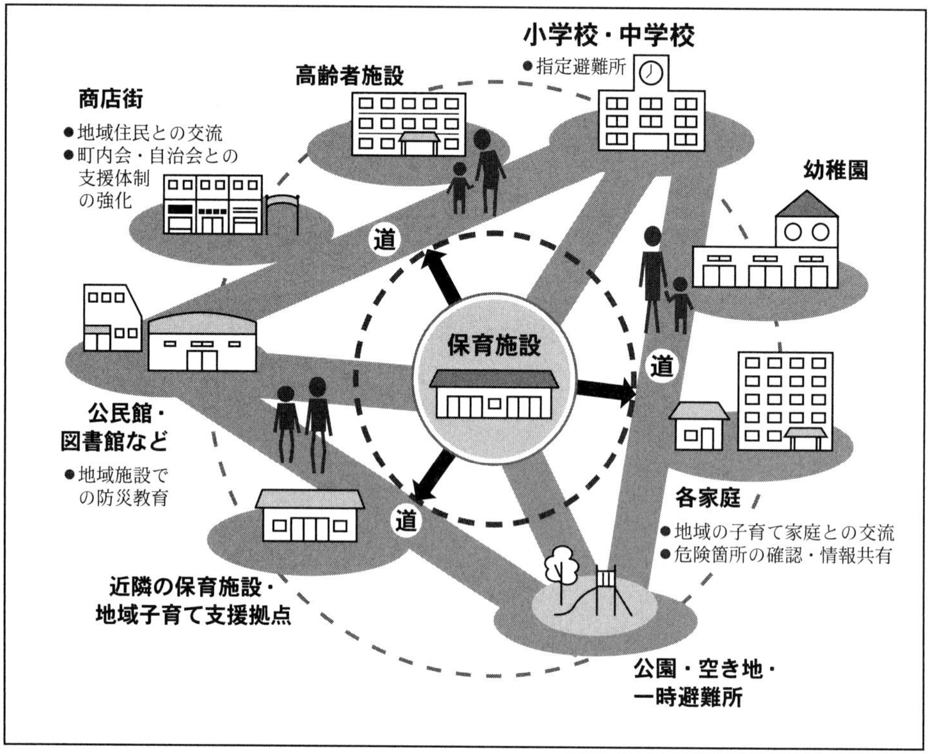

図2．保育施設を核とした乳幼児生活圏モデル

者の大人がいることで、まちへの愛着が少しずつ育まれるはずです。

　残念ながら、子どもたちが成長し行動圏域が広域化することに伴って、自分が暮らすまちとの関わりは薄くなっていくことがわかっています（図3）。だからこそ、行動圏域の狭い乳幼児期から小学校低学年期にかけて、子どもたちが自宅や施設の中だけで過ごすのではなく、まちに触れる機会をより多く持ってほしいと考えます。

　また、まちに育てられたという記憶は、「まち」とは多様な世代が多様な暮らしを営むところであり、大人も子どももお互いの存在を認め合えるところであるという感覚を形成させます。これは、共助の意識を自然に育むことにつながるでしょう。そして、そのような人たちが増えることによって、まちそのものがしだいに変化し、成熟したまちへと育っていくはずです。これは、保育施設から始まる「まちづくり活動」そのものなのです。

保育施設がまちの活性化のためにできること

　具体的に保育施設がまちの活性化のために行動している事例があります。例えば、最近では園庭代わりに使っている公園の管理運営組織の担い手となる事例の

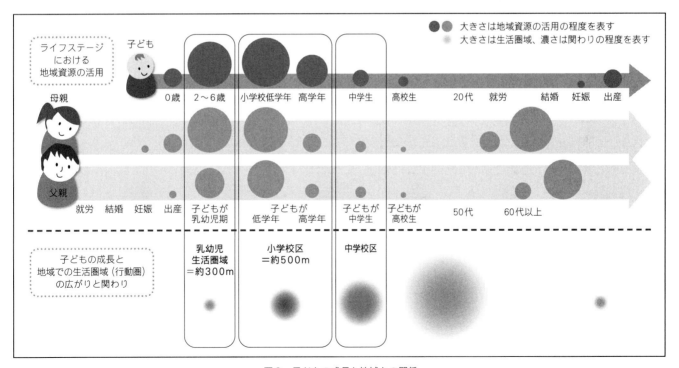

図3．子どもの成長と地域との関係

他にも、子育て世帯の参加が少ないという悩みを持つ町内会・自治会と夏祭りを共催する事例、保育施設の一部をカフェや図書館などのように広く開放したり、地域との連携や調整を図るコーディネーター的役割の専門職員を配置する事例など。本来の保育業務だけに留まらず、まちに大きく貢献することに意欲的な保育施設も出てきました。またそのような地域貢献的な側面を、行政が保育事業者選定の際の要件や評価に加えようとする動きもあります[12]。

そんな大がかりなことはなかなかむずかしいという保育施設でも、毎日公園を園庭代わりに使用する前にひと通りゴミを拾い清掃していたり、公園に来た子育て家庭や常連の高齢者に声かけをしたり、保育施設までの徒歩圏在住の人を積極的にスタッフとして雇用していたりしているところはとても多いと思います。これらはすべて近隣との関係づくりのきっかけになるようなことばかりです。道行く人に積極的に挨拶をしたり、地元在住のスタッフからまちのキーパーソンや町内会・自治会の情報を得たりするなど、ほんの小さな行動の積み重ねでも、地域内での存在感はぐんぐん増してくるはずです。

保育施設はまちづくりの担い手

まずは保育施設が、自らも地域社会の一員であることを認識したうえで、通ってくる乳幼児は「小さな地域住民」ですでに「そこの地域社会の一員」と理解し、同時に「未来のまちの担い手」であることを意識する

ことが必要です。そして乳幼児期の子どもたちが集う保育施設こそが「まちは子どもの育ちに欠かせないもの」と発する代弁者であり、加えて乳幼児期の子どもたちの生活圏を具現化するまちづくりのための大事なメンバーだと地域社会が理解することが重要です。

その両者の理解のうえではじめて、子どもを囲い込まず、場を開き、公園だけでなくその経路となる道や商店街、公民館や図書館などの施設、その他まちに存在する名もない空間などまちを全面活用して子どもを育てること、身近な人たちとの小さなつながりからたくさんの人たちと接点を持つように努め、まちでの出会いをどんどんつないで関係性を広げていくことが可能になります。

おさんぽマップで近隣の地域資源を可視化している保育施設は、図らずも子どもを中心としたまちづくりの第一歩を踏み出しています。そしてさらに「まち保育」を展開する保育施設は、すでにまちづくりの一端を担っており、子どもを真ん中にしたまちづくりの牽引役にもなれるはずなのです。

11）巻末文献リスト 学論1）、学論2）
12）横浜市では、都市公園内保育所等の設置に関する国家戦略特区を契機とする2016年8月の公園内保育施設の事業者公募にあたり、その募集要項冒頭で「開所後においても、地域の一員として良好な関係を築き、公園利用者をはじめ、地域の人々と交流し、運営をしていくことが一層期待されることから、このような視点も加味し、保育運営事業者を公募する」という表記を示し、応募に際し、施設整備前後や開所後の運営にあたっての近隣対応に関する計画や考え方などについての書類提出を求めるようにした。これは学識経験者らと保育行政担当者、公園行政担当者による研究会での議論を踏まえた取り組みとして注目できる（三輪律江、木下勇、天野珠路、中西正彦、横浜市こども青少年保育対策室：保育施設による公園活用と公園マネジメントの可能性について―横浜市における都市公園内保育所等の設置に関する国家戦略特区を契機とした提案―、こども環境学会全国大会（富山）、優秀ポスター賞、2016年）。

5

まちそのものを育てる視点を持とう

**保育施設を新たな視点で捉えて
まちをデザインする**

　残念ながら現在の保育施設設置の動きは、待機児童対策事業としての傾向が強く、「足りないからつくる」「必要そうなエリアのつくれそうな場所につくる」といった後手の政策となっています。しかし、保育施設の増設を待機児童対策事業の側面だけで捉え続けることには限界があります。「保育・子育て支援と都市計画」（99頁）でも危惧したように、一定のエリアに集中、偏在、過剰となった都市インフラのその後をどうすべきか、といったことが起こる可能性は否定できず、その回避には先手の政策が必要になります。

　人口減少社会が進み、空き地・空き家問題や、都市の空洞化といった課題も山積する中で、都市に施設をつくる際にそれを具体的にどこにどのようにつくるかといった計画づくりは大事な視点です。例えば、2014年より国土交通省が効率的な都市運営に資する都市形態への再編に向け、都市再生特別措置法改正に伴う立地適正化計画制度を導入したことを受け、いくつかの自治体で具体的な計画の検討が始まってきています[13]。しかし、郊外地域にも必要なシビルミニマム（最低限の生活を送るための生活環境基準）としての都市機能とは何か、それをどのように実施するのか、とくに保育施設などの子育て支援のインフラ整備についてはどう考え対処していくべきかといった点に頭を悩ましている自治体も少なくないといった指摘があります[14]。

　この課題は、これまで待機児童対策の観点では高齢化率が高く利便性の良くないまちに保育施設はつくれ

ない・要らないという紋切り型の結論になりがちだったことへの警鐘とも言えます。

その解決は簡単なことではありませんが、保育施設をまちづくりに資する施設として新たな視点で捉え直し、そのつくり込みのデザインを再考する。具体的には保育施設という組織・施設単体だけでなく、子どもとその保護者、そして近隣住民の指向を踏まえた都市施設として、新しいマネジメント手法を検討することも一つの解決策になるでしょう。例えば、最近よく話題にあがる公園内に保育施設の設置を促進する動きも、なかなか自立的な施設運営がむずかしいとされる公園というインフラに、社会性が高い都市機能である子育てインフラ施設を付加しつつ、保育施設だけでなく、子どもとその保護者、ひいては近隣住民と共にその都市施設を利用し、みんなでマネジメントしていく試みと捉えれば、その一端となっていることが理解できます[15]。

また施設を"ここ"につくる、つまり、まちに"点"として整備する際には、そのまちに対して"どうしてこの点"なのかといった強い説明力が求められます。と同時に周辺への影響を理解し、子どもの施設としてのリスクとハザードのバランスを保ちながら、どのような形態でどのようなまちに資する建物とするのか、地域に開かれる施設の運営をまちも交えてどういう体制で進めていくかの検討も必要です。これはもう保育の分野だけでなく、建築をつくる・都市を計画する・参加型まちづくりを推進するなど、それぞれの専門家が共に考えていくべき課題でもあります。

子どもの育ちを軸にする視点と まちを育てていく視点

例えば、「空家等対策の推進に関する特別措置法」（2015年5月26日施行）を契機に、各自治体で子育て世帯や若者の居住促進を目的に、中古住宅の空家の活用として子育て世帯に家賃補助付きの賃貸住宅として提供する取り組みなども始まっています。確かに家賃補助などは大事な観点ではありますが、住宅という"点"の供給だけでは子育て世帯はその"点"を選択しないでしょう。多様な働き方、ライフスタイルの変化を認め、子育てを個人や家庭の私的領域内でやるものとしてきたことへの限界を理解し、預かりなどの場づくりも含めて、子どもの育ちを軸に周辺の住環境についても一緒に考えて整えていくことが必要です。

まち保育を展開しまちづくりの担い手となる保育施設が乳幼児生活圏域の核となる。乳幼児生活圏域の中の子どもと保護者ら家族でまちに関わりを持つ。まち保育が展開される中で、多様な関わり生まれ、地域に愛着が生まれ住み続けたいと思うようになる。このように子どもの育ちを軸にすることは、まちを育てていくことでもあるのです。

保育施設に限らず 子どもがまちに関わるスポットを増やす

乳幼児期からまちに多様な関わりを持てるようにするには、保育施設というインフラ整備以外にも欠くこ

とのできないことがあります。子どもの生活圏域とその成長による広がりを踏まえて、多種多様にまちと関わり合える機会を配することも肝要です。保育施設のような子どもを保育する場所だけでなく、つどいの広場のような親子でふらっと寄れる場所、児童館のような子どもだけで集える場所も含め、子どもたちのための場すべてがそれに当てはまります。

それは一つの大きな施設とは限りません。恒常的な施設ではなく他の施設に併設されていたり、一時的に実施されているものかもしれません。もしかしたら個人居宅を一部開放された場所で行われる場合もあるでしょう。施設内に迎え入れなくても出張講座のようにいろいろな場所でスポット的に行われるものもあります。空き家を上手に活用して行われる可能性もあります。それらは生活圏にどれか一つあればニーズが満たされるというものでもありません。すべてがふさわしくまちの中に点在し、まちの人が当たり前のようにその存在を理解している。そのようなまちを目指したいものです。

子どもの育ちと一緒に
まちの未来予想図を描こう

建築家の山本理顕さんは自身の著書『地域社会圏主義』の中で、一住宅＝一家族という単位を前提としないで、住まう・働く・遊ぶことから福祉ケアに至るまでの生活の実現について、個々が集いながら周辺の都市環境や地域社会と融合し、共有する形で進めようと

する考え方を「地域社会圏」と表し、具体的な空間のつくり込みやマネジメント法を提案しています[16]。これを乳幼児期の子どもを中心にあてはめて考えてみると、本章で訴えてきた乳幼児期から人がまちと共に育つ地域社会形成を目指そうとする乳幼児生活圏域という考え方と、まち保育を展開することで広がる可能性と重なる部分が大きいことがわかります。

都市計画が開発型から改良・縮小型へ移行するこれからの時代においては、今ある既存施設を地域のニーズに対応して転用・活用する、人口減少下において子どもが他の子どもたちや保護者以外の第三者とふれあえる機会をより多く得られるような場や機会を意識してつくる、そのための地域の物的・人的資源をマネジメントしていく新しいまちづくりの視点が求められています。

「まち保育」の展開にはそのきっかけとなる可能性が多く秘められています。多様な世代が多様なくらしを営むまちを目指す上でも「まち保育」は欠かせないものなのです。

13）国土交通省：都市再生特別措置法に基づく立地適正化計画制度 http://www.mlit.go.jp/en/toshi/city_plan/compactcity_network.html

14）饗庭 伸、野澤千絵、中西正彦：立地適正化計画に注目した都市のたたみ方の手法、第一生命財団委託研究報告書、2016年3月

15）三輪律江、木下 勇、天野珠路、中西正彦、横浜市こども青少年保育対策課：保育施設による公園活用と公園マネジメントの可能性について ―横浜市における都市公園内保育所等の設置に関する国家戦略特区を契機とした提案―、こども環境学会全国大会（富山）、優秀ポスター賞、2016年

16）山本理顕：地域社会圏主義、INAX出版、2012年

まち保育関連
巻末文献リスト

＜研究助成報告書＞

報1）田中稲子：複合的設置形態の保育施設における建築環境計画に関する研究、平成26年度文部科学省科学研究費採択事業基盤研究（C）、https://kaken.nii.ac.jp/grant/KAKENHI-PROJECT-26350925/、2016年

報2）三輪律江：「乳幼児生活圏」構築に向けた地域協働型まちづくりのための地域資源解明と手法開発、平成24年度文部科学省科学研究費採択事業基盤研究（C）、https://kaken.nii.ac.jp/grant/KAKENHI-PROJECT-24560754/、2015年

報3）三輪律江、尾木まり、高辻千恵、谷口新、田中稲子、松橋圭子（公園とまち保育研究会）：保育施設の「屋外遊戯場」としての公園の代替利用に関する研究―地域の住環境計画の視点による住区基幹公園活用を目指して、住宅総合研究財団研究論文集（35）、p.131-142、2008年

報4）尾木まり、三輪律江、藤岡泰寛、谷口新、田中稲子、松橋圭子 他：地域における親子の居場所とその評価構造に関する基礎的研究報告書、平成15年度児童環境づくり等総合調査研究事業、こども未来財団、2004年

＜ワークショップ実践報告＞

実報1）相原むつみ、三輪律江他：保育所が地域に根ざしていくために―保育所×地域つながり力アップ・マップワークショップ＠ピッピ保育園の活動から、こども環境学会全国大会（富山）、2016年

実報2）井上由璃子、三輪律江、田中稲子、稲垣景子、藤岡泰寛、松橋圭子、谷口新 他：保育施設と地域の協働関係構築に向けた実践 その3～保育所×地域 つながり力アップ・ワークショッププロジェクト～、こども環境学会全国大会（福島）、2015年

実報3）渡辺志穂、平本智恵里、三輪律江、田中稲子、稲垣景子、藤岡泰寛、松橋圭子、谷口新 他：保育施設と地域の協働関係構築に向けた実践 その2～保育所×地域 つながり力アップ・ワークショッププロジェクト～、こども

環境学会全国大会（京都）、2014年

実報4）西田あかね、三輪律江：Recommendation of "local community –childcare"–Development of the technique for cultivating local disaster mitigation by utilizing day nurseries' outdoor activities–、Child in City（デンマーク）、2014

実報5）西田あかね、三輪律江、田中稲子、稲垣景子、藤岡泰寛、松橋圭子、谷口新 他：保育施設と地域の協働関係構築に向けた実践～保育所×地域 つながり力アップ・ワークショッププロジェクト～、こども環境学会全国大会（東京）、優秀ポスター賞、2013年

＜学術論文＞

学論1）西田あかね、三輪律江：乳幼児親子の行動圏からみた地域資源の利活用・選択構造と地域評価に関する研究、こども環境研究会関東、第1回研究セミナープログラム概要・論文報告集、p.22-25、大妻女子大学、2016年

学論2）西田あかね、三輪律江、藤岡泰寛：子どもの年齢別親子の外出先選択パターンと居住地選択に関する基礎的研究―乳幼児生活圏構築に資する地域資源の関係解明に向けて その1、日本建築学会大会学術講演梗概集（関東）、建築計画OS（形式審査有）、p.1347-1350、2015年

学論3）小林志海、藤岡泰寛、三輪律江、大原一興：乳幼児のいる子育て世帯の購買行動からみた地域資源のあり方に関する研究―乳幼児生活圏構築に資する地域資源の関係解明に向けて その2、日本建築学会大会学術講演梗概集（関東）、建築計画OS（形式審査有）、p.1351-1354、2015年

学論4）稲垣景子、三輪律江：就学前児童施設の防災活動に関する実態調査―共助の取り組みに着目して―、日本建築学会大会学術講演梗概集（関東）、都市計画、p.349-350、2015年

学論5）井場優芽、田中稲子、太田篤史、山本理貴、松橋圭子、三輪律江：都市部の小規模保育施設における窓開閉による室内環境調整の実態、日本建築学会大会学術講演梗概集

（関東）、環境工学、p.791-792、2015年

学論6）楊梓、稲垣景子、吉田聡、佐土原聡：横浜市における要配慮者の居住環境の災害危険性に関する分析、日本建築学会大会学術講演梗概集（関東）、都市計画、p.227-228、2015年

学論7）山本理貴、太田篤史、田中稲子、船場ひさお：幹線道路沿いに立地する保育施設の音環境評価、日本音響学会騒音・振動研究会、横浜国立大学サテライトキャンパス、2015年

学論8）三輪律江、渡辺志穂：就学前児施設の種別や建築形態から捉える地域との"つながり方"に関する基礎的研究、こども環境学会全国大会（福島）、こども環境学研究、Vol.11, No.1（C,N.30）、p.90、2015年

学論9）楊梓、稲垣景子、吉田聡、佐土原聡：災害時要配慮者居住地域の災害危険性に基づく地域特性分析、地域安全学会論文集、No.27、p.145-154、2015年

学論10）稲垣景子、三輪律江、田中稲子、松橋圭子、藤岡泰寛、谷口新：まち保育における防災力向上の取り組み、地域安全学会梗概集（静岡）、No.35、p. 109-110、2014年

学論11）西田あかね、三輪律江：子どもの成長と親子の選択構造パターンからみた子育て世帯の日常的な地域資源の利用に関する研究―横浜市青葉区、金沢区、西区を事例に、こども環境学会全国大会（京都）、こども環境学研究、Vol.10, No.1（C.N.27）、p.90、2014年

学論12）松橋圭子、田中稲子、三輪律江、藤本麻紀子：都市部の保育施設における園外活動に関する研究―東京都千代田区を対象とした調査より―、日本建築学会大会学術講演梗概集（神戸）建築計画、p.391-392、2014年

学論13）田中稲子、髙橋藍子、太田篤史、松橋圭子、三輪律江：複合型保育施設と周辺地域をめぐる音環境 その1―横浜市における複合型保育施設の実態と屋外騒音影響、日本建築学会大会学術講演梗概集（神戸）建築計画、p.397-398、2014年

学論14）髙橋藍子、田中稲子、太田篤史、松橋圭子、三輪律江：複合型保育施設と周辺地域をめぐる音環境 その2―施設外へ漏れる音とそれ

に対する意識、日本建築学会大会学術講演梗概集（神戸）建築計画、p.399-340、2014年

学論15） 三輪律江：地域における子育て支援施設の在り方―地域で子どもを育むための乳幼児生活圏の構築という視点から、日本都市計画学会都市計画学会誌都市計画305 号、p.12-15、2013年

学論16） 松橋圭子、田中稲子、三輪律江、藤本麻紀子：都市部の保育施設における室内環境に関する研究 その 1―家庭的保育のしつらえと設備に着目して、日本建築学会大会学術講演梗概集（北海道）、建築計画、p.307-308、2013年

学論17） 田中稲子、松橋圭子、三輪律江、藤本麻紀子：都市部の保育施設における室内環境に関する研究 その 2―家庭保育福祉員の空気環境に対する意識と行為の現状、日本建築学会大会学術講演梗概集（北海道）、建築計画、p.309-310、2013年

学論18） 西田あかね、三輪律江、田中稲子、松橋圭子、藤本麻紀子：公開空地における保育施設の園外活動に関する研究―東京都千代田区において―、日本建築学会大会学術講演梗概集（北海道）、都市計画、p.533-534、2013年

学論19） 松橋圭子、陣内美佳、田中稲子、三輪律江、大原一興、藤岡泰寛：自宅を開放した家庭的保育の環境条件に関する研究 その 1、日本建築学会大会学術講演梗概集（東海）、建築計画、p.557-558、2012年

学論20） 陣内美佳、松橋圭子、田中稲子、三輪律江、大原一興、藤岡泰寛：自宅を開放した家庭的保育の環境条件に関する研究 その 2、日本建築学会大会学術講演梗概集（東海）、建築計画、p.559-560、2012年

学論21） 岩崎俊貴、松橋圭子、田中稲子、三輪律江、大原一興、藤岡泰寛：保育施設の園外活動にかかる地域交流に関する研究 その 1 お散歩マップからとらえた地域資源の使われ方：日本建築学会大会学術講演梗概集（東海）、都市計画 p.161-162、2012年

学論22） 田中稲子、松橋圭子、三輪律江：保育施設の園外活動にかかる地域交流に関する研究 その 2 お散歩マップからとらえた地域資源の

使われ方、日本建築学会大会学術講演梗概集（東海）、都市計画、p.162-163、2012年

学論23） 松橋圭子、三輪律江、田中稲子、谷口新、大原一興、藤岡泰寛：保育施設における屋外環境と園外活動の実態からみた地域資源のあり方に関する研究―横浜市を対象としたアンケート調査より―、日本建築学会計画系論文集、第75巻　第651号、p.1017-1024、2010年

学論24） 田中稲子、三輪律江、松橋圭子、谷口新：横浜市における駅前保育施設の園外活動の場としての街区公園利用とその評価に関する研究、日本都市計画学会計画論論文、No.44-3、p.373-378、2009年

学論25） 谷口新、三輪律江、松橋圭子、田中稲子：保育施設における園児の園外活動としてのお散歩に関する考察、日本建築学会学術講演梗概集（東北）、建築計画E-1、p.81-82、2009年

学論26） 松橋圭子、三輪律江、谷口新、田中稲子、大原一興、藤岡泰寛：保育施設における園外活動の実態からみた地域資源の使われ方について その 2―横浜市の家庭保育福祉員に着目して、日本建築学会学術講演梗概集（東北）、建築計画E-1、p.83-84、2009年

学論27） 松橋圭子：自治体認定型保育施設の屋外環境と地域資源のあり方についての研究―横浜市におけるアンケート調査より―、日本社会福祉学会第57回全国大会報告要旨集、p.340-341、2009年

学論28） 三輪律江、田中稲子、松橋圭子、谷口新、田村明弘：保育施設の「屋外遊戯場」としての公園の代替利用に関する研究―横浜市における保育施設を対象としたアンケート調査より―、日本都市計画学会学術研究論文集、No.43-3、p.907-912、2008年

学論29） 松橋圭子、三輪律江、谷口新、田中稲子、大原一興、藤岡泰寛：保育施設における園外活動の実態からみた地域資源の使われ方について―横浜市を対象としたアンケート調査より―、日本建築学会学術講演梗概集（広島）、建築計画E-1、p.195-196、2008年

学論30） 谷口新、三輪律江、松橋圭子、田中稲子：保育施設の園庭の有無と園外活動としての公園利

用に関する考察、日本建築学会学術講演梗概集（広島）、建築計画E-1、p.197-198、2008年

学論31） 田中稲子、三輪律江、石野貴子、田村明弘、松橋圭子、谷口新：保育施設の園外活動の場として求められる公園環境特性―横浜市における保育施設を対象としたアンケート調査に基づいて―、第31回人間―生活環境系シンポジウム報告集、Vol.31、p.151-154、2007年

学論32） 松橋圭子、大原一興、藤岡泰寛、三輪律江、谷口新：地域における親子の居場所選択からみた子育て支援施設のあり方に関する研究―東京都三鷹市における外出調査より―、日本建築学会計画系論文集、No.600、p.25-32、2006年

学論33） 三輪律江、谷口新、田中稲子、藤岡泰寛、松橋圭子：乳幼児の年齢別にみた地域における親子の「居場所」―東京都三鷹市での親子の外出に関するアンケート調査より、日本都市計画学会都市計画報告集、No.3-3、p.76-81、2004年

学論34） 尾木まり、三輪律江、高辻千恵、松橋圭子他：地域における親子の居場所に関する研究―親子の外出先と選択基準に焦点をあてて―、第 5 回日本子ども家庭福祉学会大会学会報告要旨集、p.55-56、2004年

＜紀要・その他＞

紀他 1 ） 田中稲子、太田篤史：複合型保育施設の音環境、騒音制御、Vol.39、No.3、pp.74-77、2015年

紀他 2 ） 松橋圭子：地域における子どもの環境―建築学・環境心理から考える―、社会福祉法人日本保育協会保育科学研究所、研究所だより第18号、特集：保育科学研究所第 4 回学術集会概要報告、p.6-10、2015年

紀他 3 ） 尾木まり：地域に支えられ、地域の子育てを支える家庭的保育～現状と今後の課題、こども未来平成20年10月号、p.10-12、2008年

紀他 4 ） 尾木まり：地域における親子の居場所に関する考察、上智社会福祉専門学校紀要、創刊号Vol.1、p.25-33、2006年

おわりに

　2016年6月に改正・施行された児童福祉法第2条第1項には、「すべて国民は子どもが良好な環境において生まれ、かつ、社会のあらゆる分野において、児童の年齢および発達の程度に応じて、その意見が尊重され、その最善の利益が優先して考慮され、心身ともに健やかに育成されるよう努めなければならない」と記されています。

　これは、子どもの血縁や知り合いであるかないかにかかわらず、すべての国民が子どもの健全な育成に社会的な責任を有することを示したものです。改正により、子どもの権利に関する内容が書き加えられましたが、すべて国民の社会的責任は児童福祉法制定時（1947年）から一貫して謳われてきたことです。数十年前までは当たり前のこととして、危険なことをする子どもがいれば注意したり、ときには怒ったり、また子どもを見守り、保護する、そんな地域の大人の存在が保護者と共に子どもの育ちを支えていました。

　しかし、少子化により子どもの存在が社会の中で圧倒的少数派になり、子どもの姿を目にすることが減り、子どもの声もふだん耳にすることがないからか聞こえるとうるさいと感じる人も増えました。子どもとふれあう機会が減少し、人々の暮らしが個別化、個人化するに従い、他人の子ども、知らない子どものことには干渉しないという風潮が、いつの間にか広がってしまいました。「知らない大人に話しかけられてもついていってはならない」と子どもに教えるのは、今の社会で子どもを守る手段ではありますが、「まちの大人を信用するな」と教えているようにも感じられ、うら寂しいものを感じてしまいます。

　子ども・子育て支援新制度でも、子ども・子育てを社会全体で支援することが謳われています。しかし、その中心は社会全体での費用負担です。それももちろん大切なことですが、費用負担だけで問題が解決するわけではありません。子どもと保護者、そして、保育や教育に関わる人たちだけが子どもの育ちや子育て支援を考えていくのではなく、すべての住民が子どもの育ちや、子どもが育つ環境としての家庭への支援やまちづくりにより深く関心を持ち続けること、また、そのことが社会の未来につながっていくことを私たちはもっと伝えていかなければならないと考えます。

　私たちが提案する「まち保育」が進められることによって、子どもとまちの大人の距離が縮まり、子どもや子どもに用意すべき良好な環境に関心を持つ大人が増えることを願っています。大人だけで歩いていても誰も関心を示してくれませんが、子どもと一緒にまちを歩くと、地域の人のやさしい微笑みや声かけにも出会います。もちろん、まちの大人が子ども好きな人ばかりではないことも承知していますが、子どもをまちで育てることにより、人と人が出会い、つながりやすくなるということは、実際にまちに出てみればすぐに実感できることだと思います。地域との交流を課題と

おわりに

感じている保育施設のみなさんには、ぜひ子どもたちと「まち保育」を実践していただきたいと思います。

さまざまな研究領域、さまざまな活動分野で活躍するメンバーがそれぞれの研究や実践、共同研究に基づいた成果を持ち寄り、本書ができあがったことの意義は大きいと思います。共同研究としては、平成19年度住宅総合研究財団研究助成「保育施設の『屋外遊戯場』としての公園の代替利用に関する研究―地域の住環境計画の視点による住区基幹公園活用を目指して」、平成24年度文部科学省科学研究費採択事業基盤研究（C）「『乳幼児生活圏』構築に向けた地域協働型まちづくりのための地域資源解明と手法開発」、平成26年度文部科学省科学研究費採択事業基盤研究（C）「複合的設置形態の保育施設における建築環境計画に関する研究」、こども未来財団平成15年度児童環境づくり等総合調査研究事業「地域における親子の居場所とその評価構造に関する基礎的研究」などが主要なものです。

最後に、本書の作成にあたっては感謝しなければならない方たちがたくさんいます。まずは私たちがこれまで行ってきた調査研究に協力してくれた子どもたち、保護者や保育者、保育事業者のみなさん、そして行政などの関係者のみなさんです。とくに第Ⅲ章で紹介したワークショップは、NPO法人ピッピ・親子サポートネット理事長の友澤ゆみ子さんとピッピ保育園のみなさん、NPO法人W.Co.マーブル理事長の山田範子さんとパレット家庭保育室なないろのみなさんがこの取り組みに賛同し、園をあげて協力いただいたことにより実現できました。ピッピ保育園では、これまでのルートをまとめた「おさんぽ手帳」を作成し、近隣と共有するなど、大学のサポートなしでの新しい活動が始まろうとしています。今後の展開が楽しみです。

また、ワークショップを運営した横浜市立大学卒業生の西田あかねさん、平本智恵理さん、渡辺志穂さん、井上由璃子さん、小俣実奈さん、森春奈さん、佐藤菜緒さん、横浜国立大学大学院修了生の石野（旧姓）貴子さん、岩崎俊貴さんをはじめとする学生のみなさんの協力なくしては本書はできあがっていません。横浜市立大学、横浜国立大学、大妻女子大学、共立女子大学、鎌倉女子大学で学んだ学生諸氏の研究成果も本書の基礎を構成するものとして活用させていただきました。

企画段階から出版に至るまでの長い道のりで何度もくじけそうになる私たちを叱咤激励しつつ、読者への伝わりやすさを考慮した構成や表現方法などを根気よくアドバイスいただいた萌文社の青木沙織さんと永島憲一郎さんにも感謝の意を表したいと思います。そして、まち保育をわかりやすく表現し、本書をさらに魅力的なものにしてくださったイラストレーターのたかえみちこさんにも感謝の意を表したいと思います。

本書が子どもの育ちと子育てを支えるさまざまな職種の、さまざまな立場の方々の実践の一助となることを願ってやみません。

2017年3月　尾木まり

著者プロフィール

三輪律江 Norie Miwa
第1章5、第2章5、第3章、第4章担当　編著者

横浜市立大学大学院都市社会文化研究科／国際教養学部都市学系 教授。博士（工学）。
愛知県名古屋市出身。(株)坂倉建築研究所、横浜国立大学、横浜市立大学准教授を経て2021年4月より現職。
専門は、建築・都市計画、参画型まちづくり、こどものための都市環境。現在は複数の自治体において建築・都市計画系、市民協働、子ども子育て系の審議会委員を務める一方、まちづくりや子育て支援のNPO理事も務める。
主な研究テーマは、本書で事例とした乳幼児生活圏構築に向けた保育所と地域つながり力に関する研究や、多世代近居による郊外団地再活性化、中高生のまちづくり参画プログラム開発など。
「こども環境学会全国大会優秀ポスター賞」受賞（2013年東京大会、2016年富山大会）。
主著に、『孤立する都市、つながる街』（共著、日本経済新聞出版、2019年）。

尾木まり Mari Ogi
第1章担当　編著者

子どもの領域研究所所長。社会福祉士。
高知県出身。民間シンクタンクを経て、1999年より現職。
専門は、子ども家庭福祉。保育・子育て支援、児童健全育成に関する調査研究や人材養成にたずさわっている。
NPO法人家庭的保育全国連絡協議会理事、公益社団法人全国保育サービス協会理事。
主著に、『家庭的保育の基本と実践　第2版』（共著、福村出版、2015年）、『社会福祉学習双書第5巻　児童家庭福祉論』（共著、全国社会福祉協議会、2016年）。

米田佐知子 Sachiko Yoneda
第1章担当

子どもの未来サポートオフィス代表。関東学院大学経済学部・東京家政大学児童学科非常勤講師。
大阪府出身。横浜で子育て当事者NPOを設立。NPO法人神奈川子ども未来ファンドを経て、2013年独立し現職。
子育てひろば全国連絡協議会監事、横浜コミュニティカフェネットワーク世話人、横浜こども食堂ネットワーク準備会などにたずさわる。
専門は、地域子育て支援、子どもの居場所。「コミュニティカフェ」や「こども食堂」を中心に、地域の中で子どもと多様な人が出会う場づくりをサポートしている。
主著に、『横浜まちづくり市民活動の歴史と現状』（共著、学文社、2009年）。

谷口 新 Shin Taniguchi
第2章1担当

大妻女子大学短期大学部家政科家政専攻 教授。横浜市立大学非常勤講師（住環境計画論）。博士（工学）。
東京都出身。日本学術振興会特別研究員、横浜国立大学VBL講師（中核的機関研究員）、大妻女子大学准教授、横浜市立大学客員研究員を経て現職。
専門は、建築計画、環境デザイン、建築教育。室内空間→建築→建築外部空間→都市にわたり、環境と共生した住環境水準向上に資する研究を行っている。特に共有空間のあり方に関心がある。
主著に、『建築計画・設計シリーズ42　新・設計基礎（計画・製図・模型・写真）』（共著、市ヶ谷出版社、2005年）、『楽々建築・楽々都市〜"すまい・まち・地球"自分との関係を見つけるワークショップ〜』（共著、技報堂出版、2011年）。

藤岡泰寛 Yasuhiro Fujioka
第2章コラム担当

横浜国立大学大学院都市イノベーション研究院准教授、静岡大学農学部非常勤講師（住居計画）。博士（工学）。
福岡県出身。京都大学大学院工学研究科環境地球工学専攻修士課程修了。
専門は、建築計画、都市計画。高齢社会対応の住居・住環境の計画研究と実践（1級福祉住環境コーディネーター）。
主著に、『住むための建築計画』（共著、彰国社、2013年）、『建築のサプリメント—とらえる・かんがえる・つくるためのツール』（共著、彰国社、2014年）、『現代集合住宅のリ・デザイン』（共著、彰国社、2010年）。
「第9回関東工学教育協会賞著作賞」受賞（2015年）、「第11回日本都市計画家協会賞優秀まちづくり賞」受賞（2015年）。
※いずれも共同受賞

松橋圭子 Keiko Matsuhashi
第2章❷担当

東京都市大学人間科学部児童学科准教授。博士（工学）。
埼玉県出身。横浜国立大学地域実践教育研究センター研究員、横浜国立大学経済学部教育GPプロジェクト教員／経済学部非常勤講師、鎌倉女子大学児童学部児童学科准教授を経て2019年4月より現職。
専門は、子ども環境学、地域環境・建築計画、環境心理学。子どもと親の視点からみた児童福祉施設の計画、子育てを支援するまちづくりに関わる。
主著に、『環境をデザインする──子どもが育つ保育』（共著、学苑社、2019年）。

田中稲子 Ineko Tanaka
第2章❸、❹担当

横浜国立大学大学院都市イノベーション研究院准教授。博士（工学）。
福島県出身。東京工業大学大学院博士後期課程修了後、名古屋工業大学大学院助手、横浜国立大学学際プロジェクト研究センター助教を経て現在に至る。
専門は、建築環境工学、パッシブ建築、住環境教育。近年は都市部の保育施設を中心に、園外活動場所の環境調査や、施設内の建築環境計測とその結果に基づく室内環境の改善提案を行うなど、実践的研究課題に取り組む。
主著に、『環境教育用教材　学校のなかの地球』（共著、技報堂出版、2007年）、『ヒートアイランドの事典──仕組みを知り、対策を図る』（共著、朝倉書店、2015年）。

稲垣景子 Keiko Inagaki
第2章❻、第3章 防災担当

横浜国立大学大学院都市イノベーション研究院准教授。博士（工学）。
愛知県名古屋市出身。横浜国立大学大学院工学研究科博士課程前期修了。
専門は、地域防災、都市解析。自治体において都市防災や都市計画に関する委員会・審議会などの委員を務める。安全に安心して暮らすことのできる地域づくりを目指し、ハードとソフトの両面から幅広く研究している。
主著に『図解！ArcGIS10〈Part1〉身近な事例で学ぼう』（共著、古今書院、2012年）、『生活・文化のためのGIS』（共著、朝倉書店、2009年）。

棒田明子 Akiko Bouda
第2章❼担当

NPO法人孫育て・ニッポン理事長、関東学院大学非常勤講師。
千葉県松戸市出身。海外旅行誌、育児雑誌・サイトの編集、子育て、教育関係のプランナーを経て2011年9月より現職。現在は、NPO法人ファザーリング・ジャパン理事、東京都北区多世代コミュニティー「いろむすびカフェ」アドバイザーなども務め、母子保健×まちづくり×世代間交流をテーマに、「たまご（他孫）育て」「赤ちゃん食堂」など、全国各地でプロジェクトを行う。
主著に、『祖父母に孫をあずける賢い100の方法』（岩崎書店、2009年）、『新米祖父母の教科書 孫育て一年生』（監修、KADOKAWA、2016年）、CD『孫育て童謡』（監修、キングレコード、2016年）

吉永真理 Mari Yoshinaga
第2章❽担当

昭和薬科大学臨床心理学研究室 教授。博士（保健学）。
神奈川県川崎市出身。早稲田大学非常勤講師、国士舘大学を経て2006年4月より現職。
専門は、臨床心理学、コミュニティ心理学、保健学。自治体において子ども子育て会議およびその関連部会、若者支援拠点のあり方検討委員会などの委員を務める一方、遊びや子どもの安全関連の団体の理事なども務める。主な研究テーマは、子どもの遊びと心身健康、子どものSOS支援の仕組みづくり、若者の心の健康など。
「女性のためのエッソ研究奨励賞」受賞（1998年）、「第58回日本学校保健学会（名古屋）優秀発表賞」受賞（2011年）、「こども環境学会大会（福島）優秀ポスター賞」受賞（2015年）。

※以上、執筆掲載順／2021年6月現在

まち保育のススメ
── おさんぽ・多世代交流・地域交流・防災・まちづくり ──

2017年5月5日　初版第1刷発行
2024年9月10日　　第4刷発行

著　者	三輪律江　　尾木まり　編著者
	米田佐知子　谷口 新　　藤岡泰寛　　松橋圭子
	田中稲子　　稲垣景子　棒田明子　　吉永真理
発行者	永島憲一郎
発行所	萌文社
	〒102-0071東京都千代田区富士見1-2-32 東京ルーテルセンタービル202
	ＴＥＬ　　　　03-3221-9008
	ＦＡＸ　　　　03-3221-1038
	Email　　　　info@hobunsya.com
	ＵＲＬ　　　　http://www.hobunsya.com/
	郵便振替　　　00910-9-90471
表紙イラスト	たかえみちこ　　http://takaemichiko.com/
	※イラスト制作：日本学術振興会科学研究費助成（研究代表者：三輪律江、基盤研究（C）、課題番号：15K06371）
印刷所	モリモト印刷株式会社

本書の掲載内容は、小社の許可なく複写・複製・転載することを固く禁じます。

©2017, Norie MIWA & Mari OGI.　All rights reserved.
Printed in Japan.　ISBN:978-4-89491-332-5